Otto Zaunschliffer

Juristische Abhandlung über die Flöhe

Otto Zaunschliffer

Juristische Abhandlung über die Flöhe

ISBN/EAN: 9783743695504

Hergestellt in Europa, USA, Kanada, Australien, Japan

Cover: Foto ©ninafisch / pixelio.de

Weitere Bücher finden Sie auf **www.hansebooks.com**

Juristische Abhandlung

über

die rechtlichen Verhältnisse

der gemeinsamen Freunde der Frauen,

das ist

der Flöhe;

in seltene theoretisch=practische Fragen gebracht,

mit

mannichfaltigen Rechtssprüchen verschiedener Gerichtshöfe, unter Beifügung der Zweifels= und Entscheidungsgrunde, vervollständigt, durch die schlagendsten Aussprüche der berühmtesten Fakultäten bewiesen und nach rechtlichen und moralischen Grundsätzen an das Licht gestellt.

Für

alle Rechtslehrer, Richter, Sachwalter und sonstige Rechtsbeflissene auf Hochschulen und in der Weiberstube von großem Nutzen und unentbehrlich.

Frankfurt, 1768.

§ 1.

Unde pulex dicatur?

Maxima sane de vera vocis origine est lis inter melioris notae grammaticos. Ex plurimorum sententia pulex dictus est a voce pullus, quae ratio originis induxit Caelium Calcagninum [1]), ut contra omnium criticorum vota non pulex. sed pullex scribendum esse contenderet. Alii a pulvere pulicem nominatum putant, quum pulvis sit alimentum pulicis, vel rectius, quia ex pulvere nascitur pulex; delicatiores enim sunt pulices, quam ut pulvere sint contenti, quum quotidie deliciis et sanguine virgineo aut muliebri saltem uti fruique soleant. De mea quidem sententia pulex dictus est a voce mulier, ita scilicet, ut mu mutetur in pu, abiiciatur li, et loco er addatur lex, unde praecise fiet pulex.

[1]) Caelius Calcagninus Encomiasticum in pulices. Aug. Vindelic. 1717 ed. noviss.

§ 2.

Cuius generis sit pulex?

Et quamvis grammatici ad unum omnes pulicem generi masculino adscribant, ita ut hic, minime vero haec pulex dicendum velint; nulli tamen dubitamus ab iis divortium

§ 1.

Woher der Name pulex (Floh) komme?

Zuverlässig herrscht über den wahren Ursprung des Wortes unter den besseren Sprachforschern der größte Streit. Die meisten leiten pulex (Floh) ab von dem Worte pullus (schwärzlich), welche Entstehungsweise zuerst Cälius Calcaguinus annahm, so daß er auch gegen die Meinung aller Kritiker behauptete, man müsse nicht pulex sondern pullex schreiben. Andere sind der Ansicht, daß pulex aus dem Worte pulvis (Staub) entstanden sei, weil Staub die Nahrung des Flohes sei, oder, was wohl richtiger ist, weil aus Staub der Floh sein Dasein nimmt; denn der Floh ist doch ein größerer Feinschmecker, als daß er mit Staub zufrieden sein sollte, zumal da er seine täglichen Leckereien im jungfräulichen, oder doch mindestens in dem Blute eines Frauenzimmers zu finden gewohnt ist. Meiner Meinung nach ist pulex aus dem Worte mulier (Frauenzimmer) entstanden, und zwar auf die Art, daß mu verwandelt wird in pu, die Sylbe li weggeworfen und statt er gesetzt wird lex, so daß gerade pulex herauskommt.

§ 2.

Wessen Geschlechtes pulex (Floh) sei?

Wenngleich auch alle Sprachlehrer das Wort pulex (Floh) als zum männlichen Geschlechte gehörig erklären, so daß man hic (der) und nicht haec pulex (die Floh) sagen müsse; so trage ich doch ganz und gar kein Bedenken mich jener Meinung

facere, quum lippis atque tonsoribus notum sit, pulices esse feminarum. Certe hoc erit a grammaticis concedendum. pulicem esse generis communis, quum per communicationem sint etiam generis masculini. Quidquid vero sit, dicamus cum vulgo indistincte hic pulex, ne examen grammaticorum infestas aquilas, iunctis umbonibus, nobis inferat. quod illi accidere videmus, qui se ad aurem auramque eorum non componit. et in patrios Prisciani cineres mingere ausus fuerit.

§ 3.

Unde descendat vox germanica Floh?

A summa pulicum pernicitate vocem illam originem trahere arbitror. Quemadmodum enim Germani pulicem nec ire nec currere. sed potius mira quadam velocitate silire. seu corpus pernici tollere saltu animadverterunt, ita dignus omnino illis visus fuit qulex, qui pulcherrimo nomine Floh insigniretur. Atque hoc ipsum est. quod venustissimus carminis de pulicibus auctor[1]) intendit, dum sic modulatur:

— Quid possunt huppere longe,
Non aliter, quam si fleuglos natura dedisset:

---

[1]) Caelius Calcagninus. I. I.

entgegen zu erklären, da ja männiglich bekannt ist, daß die Flöhe den Frauen angehören. Dies müssen wenigstens die Sprachlehrer zugestehen, daß die Flöhe gemeinschaftlichen Geschlechts sind, da sie durch Mittheilung auch zu den Mannspersonen kommen. Dem sei, wie ihm wolle; ich will geradezu mit dem gemeinen Haufen der Floh sagen, damit nicht der Schwarm der Sprachlehrer mit feindlichem Schild und Lanze gegen mich zu Felde ziehe, so wie es dem zu gehen pflegt, der sich bei ihrem Urtheil und ihrem Ansehn nicht beruhigt, ja wohl gar das Grab ihres Vaters Priscian zu verunreinigen wagt.

§ 3.
Woher das deutsche Wort Floh komme?

Meiner Meinung nach ist dies Wort von der so sehr großen Behendigkeit der Flöhe entstanden. Denn als die Deutschen fanden, daß ein Floh nicht gehe, nicht laufe, sondern vielmehr mit einer bewundernswerthen Schnelligkeit springe, oder im raschen Sprunge seinen Körper fortbewege; da schien er ihnen allerdings würdig, ihn mit dem so herrlichen Namen Floh zu bezeichnen. Und gerade ist es dies, worauf der liebliche Dichter des Liedes „von den Flöhen" anspielt, wenn er also singt:

— Und weithin können sie hüpfen,
Grad' als wenn von Natur ihnen dazu Flügel verliehen;

ubi observandum, quod verbo huppere recte
usus sit auctor pro hüpfen, i. e. exsilire ac
prosilire, voce fleuglos autem pro Flügel,
i. e. alas, sensu optimae latinitatis scriptoribus
usitatissimo. Novissimus celeberrimi carminis
editor, reiecta lectione vulgata, pro quam re-
scripsit ac; sed, quae mea est in defendendis
receptis lectionibus pertinacia, plane nihil mu-
tandum, sed proba esse verba: quam si fleuglos natura dedisset, censeo, ne tantillum
quidem a Prisciano sic mihi metuens. Caeterum,
quod obiter admonuerim, validissimis feminae
utuntur remediis contra pernicitatem illam, ut
omne earum ingenium in digitos abiisse videatur.
Unde communis doctorum conclusio est, quod is,
qui pulicem quam promtissime capere nequit, ex
praesumtione hominis et iuris putetur sexus non
feminini sed masculini esse.

§ 4.

Pulices iure civili teneri ostenditur.

Haec de vocibus delibasse sufficiat:

Nunc teritur nostris area maior equis,

wobei zu bemerken ist, daß der Dichter ganz richtig und in dem gewöhnlichsten Sinne der besten lateinischen Schriftsteller, das Wort huppere für hüpfen, d. h. auf und weiter springen, das Wort fleuglos aber für Flügel, das ist: Schwingen, gebraucht hat. Der neueste Herausgeber jenes hochberühmten Gedichtes, hat die gewöhnliche Lesart verworfen und für quam, ac geschrieben; allein, so eifrig ich auch sonst für die Vertheidigung neu aufgenommener Lesarten stimme, so scheint mir doch hier — und bei dieser Behauptung fürchte ich mich auch nicht im Geringsten vor Priscian — eine Veränderung gar nicht nöthig; vielmehr sind die Worte: quam si fleuglos natura dedisset ganz passend. Hierbei will ich indeß beiläufig bemerken, daß die Frauenzimmer, um jene Behendigkeit zu besiegen, sehr kräftige Mittel anwenden, wobei denn ihr ganzer Scharfsinn in ihre Finger geflüchtet zu sein scheint. Und hieraus haben nun die Gelehrten den Schluß gezogen, daß derjenige, welcher nicht in der größten Geschwindigkeit einen Floh fangen kann, nach menschlichen und rechtlichen Begriffen kein Frauenzimmer, sondern eine Mannsperson sei.

§ 4.
Die Flöhe, in civilrechtlicher Hinsicht.

Diese kurzen Bemerke über die Wortbedeutung mögen genügen;

Jetzt mit unseren Rossen befahren ein größeres Feld wir,

quum ad rem ipsam sit progrediendum. In ipso limine statim sese offert ardua et sabbathina quaestio: pulex utrum iuri civili romano subiectus sit, nec ne? Neganda videtur primo intuitu, quum nullum exstet senatusconsultum, quo pulicum respublica illud ius receperit [1]). Verum enimvero in illis locis, ubi ius romanum a maiestate receptum est, omnino iuxta illud pulices ibi iudicandi sunt. Nam primum omne animal subiectum esse debet potestati principis. Deinde pulex, quoad forum ac ius in eo obtinens, hominem sequatur necesse est, quia accessorium sequitur suum principale [2]). Pulex autem reapse pro hominis accessorio habendus est. Denique magnum sententiae nostrae accedit pondus a legum dispositione, quod, si arietes vel boves inter se commisissent, et alter alterum occidisset, si quidem is periisset, qui aggressor erat, cesset actio, quia alter concitatus et quasi defensionis iure damnum dedit; sin vero is, qui non provocavit occisus laesusve esset, competat actio [3]). Unde sat luculenter adparet, animalia in

---

[1]) Ius romanum hodie valet non ex promulgatione, sed ex receptione. Cf. Struvius Synt. iur. civil. Exercit. II. thes. 35.

[2]) Arg. L. 1. § 12 et 14. D. Si quadrup. pauper. fec. dicat.

[3]) L. 1. § 11. D. Si quadrup. pauper. fec. dicat. Cf. Grotius de iure bell. et pac. P. I. cap. II. art. 3.

indem wir nun auf die Sache selbst kommen. Und da stoßen wir gleich anfangs auf die schwierige und in philosophischen Streitschulen nicht ungewöhnliche Frage: ob ein Floh den römischen Civilgesetzen unterworfen sei, oder nicht? Beim ersten Anblick scheint dies verneint werden müssen, da durch keinen Senatsbeschluß der Freistaat der Flöhe sich jenem Rechte unterworfen hat [1]). Und doch sind an den Orten, deren Oberhaupt das römische Recht angenommen hat, allerdings die Flöhe nach diesem zu beurtheilen. Denn zuvörderst muß doch jedes Thier von dem Willen seines Herrn abhängig sein. Was dann aber zunächst den Gerichtsstand und das Recht des Flohes anbetrifft, so muß er hinsichtlich beider sich nach dem Menschen richten, weil immer die Nebensache der Hauptsache folgt und der Floh an sich doch nur ein Nebentheil des Menschen ist. Hierzu kommt noch endlich, als gewichtiger Grund für unsere Behauptung, die gesetzliche Bestimmung: daß, wenn in einem Kampfe zwischen Widdern oder Stieren ein Theil umgekommen ist, diesem, wenn er der angreifende war, keine Klage zustehen soll, da der andere gereizt, nur gleichsam im Stande der Nothwehr Schaden angerichtet hat, dahingegen aber soll der Theil, welcher den Kampf nicht herbeigeführt hat, wenn er darin umgekommen, oder verwundet ist, zur Klage berechtigt sein. Hieraus ergiebt sich zur Genüge, daß die Thiere im Allgemeinen, und die

---

[1]) Das römische Recht gilt heut zu Tage nicht, wo es bloß öffentlich bekannt gemacht, sondern, wo es förmlich angenommen ist.

genere ac pulices in specie iure communi hominum teneri. Quo ipso de pulice vasallitico
sive corpus vasallae inhabitante constat, cum dis-
positioni feudali subiectnm esse, sicut pulex mo-
nachialis iuri canonico subest.

§ 5.
Continuatio. Pediculi aulici mentio iniicitur.

Nepue tamen monachialem pulicem in causis
criminalibus indistincte coram iudice ecclesia-
stico conveniri posse. intelligent. qui clericos
pro diversa poenarum ratione nonnumquam foro
seculari subesse meminerint [1]). Virginis viduae-
que pulex foro miserabilium personarum haud
dubie fruitur [2]). quum forum illud sit privilegia-
tum. ac tali foro et domesticus privilegiati gau-
deat, ut BONACOSSUS [3]). et LIMNAEUS [4]) de
domesticis legatorum atque studiosorum tra-
dunt. Quid iuris sit circa forum pulicis Augustae
seu Imperatricis, colligere licet ex celeberrimo
iuris romani loco [5]). quem STRUVIUS [6]) egre-

---

[1]) Vid. Cap. 4. X. de Iudic. tol. tit. X. de For.
compet. Carpzovius Prax. crim. P. III. quaest. 110.
Num. 82 seq.

[2]) L. un. C. Quand. imperat.

[3]) Bonacossus de famul. quaest. 12 et 35. 43 et 52.

Flöhe insbesondere nach den gemeinrechtlichen Bestimmun= gen der Menschen beurtheilt werden. Und hierdurch wird nun von selbst klar, daß ein vasallitischer Floh, das ist: ein solcher, der den Körper eines Vasallen zu seinem Aufenthalt gewählt hat, den Feudalgesetzen un= terworfen, gleichwie ein Mönchsfloh dem canonischen Rechte unterlegen ist.

§ 5.
Fortsetzung; wobei der Hoflaus Erwähnung geschieht.

Nun wird man auch begreifen, daß die Mönchs= flöhe in peinlichen Sachen nicht geradezu vor ein geist= liches Gericht gezogen werden können, wenn man daran denkt, daß die Geistlichen nach Verschiedenheit der ver= wirkten Strafen oft nur einem weltlichen Gerichte un= terworfen sind. Der Floh einer Jungfrau oder einer Wittwe erfreut sich zweifelsohne des Gerichtsstandes der nothständigen Personen, da dieser ein privilegirter ist und an demselben auch die Hausleute eines Pri= vilegirten Theil haben, wie dies Bonacossus und Limnäus hinsichtlich der Hausleute der Gesandten und Studenten darthun. Was für eine Bewandniß es mit dem Gerichtsstande des Flohes einer Kaiserin oder Königin habe, findet man in jener berühmten Stelle des römischen Rechtes, welche Struv so schön

---

[4]) Limnaeus de iur. publ. Lib. VIII cap. 10. num. 18.

[5]) L. 31. de Legib.

[6]) Struvius Synt. iur. civil. Exerc. II. thes. 11.

gie interpretatus est. Dum autem de pulice
Augustae sen Imperatricis scribo. incidit epigramma
Oveni de pediculo aulico. ita sonans:

Blandis adulator per totam cursitat aulam.
Principis in primis nobiliumque fores.
A pedibus sic nomen habens mala bestia totum
Infestat corpus praecipueque caput.

§ 6.
De pulice nobili ac plebeio.

Feminae nobilioris pulicem eximiae conditionis esse, extra omnem dubitationis aleam posi-
tum est. Quemadmodum enim feminae nobiles
dignitate multo antecellunt feminas plebeias, ita
quoque illarum pulicibus insignior habendus est
honor, qui plebeiarum feminarum pulicibus me-
rito denegatur. Accessorium sequitur suum principale; nobilioris feminae pulex itaque revera
nobilis est, atque adeo privilegiis, praerogativis
et immunitatibus nobilitatis utitur. Aeque certum
est, pulicem puellae plebeiae ignobilem esse;
unde prono alveo fluit, quod recte plebeius vo-
cetur nec iura nobilitatis singula illi concedenda
sint. Iam quaeritur: an pulex plebeius ma-
trimonio aut contubernio sibi iungere
possit pulicem senatorium? Iure veteri

erklärt hat. Indem ich aber des kaiserlichen und kö=
niglichen Flohes erwähne, fällt mir Owens Epigramm
auf die Hoflaus ein, also lautend:

Zärtlicher Schmeichler, so läuft am ganzen Hofe umher er,
Sucht vor allen des Fürsten und seiner Edlen Gemach.
Garstiges Thier, deß Name entstanden von Lausen, du quälst nun
Unseren Körper gar sehr, dabei vorzüglich den Kopf.

§ 6.
Ueber adelige und bürgerliche Flöhe?

Daß der Floh einer adeligen Dame auch dem vor=
nehmen Stande angehöre, darüber kann gar kein Zwei=
fel obwalten. Denn gleichwie adelige Damen den Bür=
gerfrauen im Range weit voranstehen, also gebührt
auch ihren Flöhen eine größere Achtung, welche billig
den Flöhen der bürgerlichen Frauen verweigert wird.
Die Nebensache folgt der Hauptsache; es ist deßhalb
der Floh einer adeligen Dame auch wirklich selbst ade=
lig, und genießt um deßwillen der Privilegien, Vor=
rechte und Freiheiten des Adels. Eben so ausgemacht
ist es aber, daß der Floh eines Bürgermädchens auch
zu der gemeinen Klasse gehöre, woraus es sich denn
leicht erklärt, daß er mit Recht ein Plebejer heißt
und ihm deßhalb auch die besonderen Rechte des Adels
nicht zugesprochen werden dürfen. Es fragt sich nun,
ob ein bürgerlicher Floh sich durch Heirath
oder gemeinsames Zusammenleben mit einem
Senatorsfloh verbinden könne? Nach älterem

negandum fuit, ast iure novissimo evanuit illud
ius vetus una cum lance et licio [1]). Quo ipso
constat, non amplius quaestionem agitari debere,
utrum et is pulex dicendus sit senatorius, qui ante
adeptam dignitatem senatoriam adfuit; qua de re
olim in utramque partem disputavere [2]).

§ 7.
De pulice excommunicatae.

Maioris omnino momenti est quaestio: num
pulex feminae excommunicatae habendus sit pro excommunicato? Recte negari
posse videtur argumento constitutionis, iuxta
quam servi et ancillae aliique domestici, partici-
pantes cum domino excommunicato, periculum
excommunicationis non incurrunt [3]).

§ 8.
Num dominus adquirat pulices servae?
De iure usufructuarii.

Servam seu ancillam omnia adquirere do-

---

[1]) L. 23. C. de Rit. nupt. Nov. 51 et 78. cap. 4. Nov.
89. cap. ult. Carpzovius Iurisprud. consistor. Lib. II.
def. 10 et 11.

[2]) L. 5. D. de Senat. L. 9. § 14. D. de Poen. L. 2.
§ 2. D. de Decur. L. ult. Cod. eod. L. 11. C. de Dignit.

Juristische Abhandlung

über

die Flöhe

(de pulicibus).

Von

Johann Wolfgang von Goethe.

Zweite Auflage.

Altona, 1864.

Verlags-Bureau.

Vorwort.

zur erſten Auflage.

～～～～

Es iſt nicht unbekannt, daß Goethe in den verſchiedenen Zeiten ſeines Aufenthaltes zu Leipzig, Straßburg und Wetzlar mehrere juriſtiſche Abhandlungen[1]) ſchrieb, von denen jedoch keine unter ſeinem Namen erſchienen iſt. Dahin gehört auch nachfolgendes, die recht= lichen Verhältniſſe der Flöhe betreffendes Werkchen, deſſen Entſtehung wahrſcheinlich in die Zeit, wo ſich Goethe zu Straßburg auf= hielt, fällt.

Das Intereſſe, welches es den Verehrern des Dichters gewähren muß, ihn von einer ganz neuen Seite, der der juriſtiſchen Gelehr=

---

[1]) Dahin gehört die im Jahre 1770 zu Straßburg verfaßte Abhandlung: Ueber das Recht der Geſetzgebung, einen gewiſſen Religionscultus im Staate feſtzuſetzen; eine Abhandlung, die nach Goethe's eigener Erklärung von der Facultät nicht das Imprimatur erhielt, jedoch von ſeinem Vater mit ſolcher Zufriedenheit aufgenommen wurde, daß dieſer ſelbſt ſie für die Preſſe zu bearbeiten ſuchte.

samkeit kennen zu lernen, wird noch erhöht
werden, wenn man weiß, daß diese Abhandlung
(welcher wir, um dieselbe auch für ein größeres
Publikum genießbar zu machen, eine deutsche
Ueberſetzung hinzugefügt haben) eine große
literarische Seltenheit ist, sich nur noch auf
der großen Königlichen Bibliothek zu Paris
befindet, und von Goethe selbst in den letzten
Stadien seines Lebens nicht mehr beseſſen
worden sein soll. —

Wir enthalten uns, um dem Leser die
Ueberraschung nicht zu rauben, jeder nähern
Andeutung über den Inhalt und die Behand=
lungsweise des Gegenstandes, nur das Ver=
sprechen glauben wir geben zu dürfen, daß die
Lektüre dieses Büchleins einen neuen Beweis
geben wird, wie es unserm großen Dichter auch
nicht an ächtem Humor und treffendem Witz
gefehlt habe, — Eigenschaften, welche er später
noch an demselben Stoffe, den unsere Dissertation
behandelt, in dem unvergleichlichen Flohliede
Mephisto's auf das glänzendste bekundet hat.

Berlin im März 1839.

Dissertatio iuridica,

de eo

quod iustum est

circa spiritus familiares feminarum

hoc est

p u l i c e s

quaestionibus theoretico-practicis rarioribus

adornata

variis variorum dicasteriorum praeiudiciis aucta rationibus tam dubitandi quam decidendi amplificata facultatum celeberrimarnm responsis solidissimis firmata et ex principiis tam iuridicis, quam moralibus de prompta.

Omnibus

doctoribus iudicibus causarum patronis studiosis aliisque in foro scholis ac gynaeceo versantibus perutilis ac necessaria.

Francofurti, 1768.

Rechte muß dies verneint werden; aber das neuere Recht hebt das alte mit Schaale und Trumm auf. Und hieraus folgt denn: daß wir uns nicht ferner von der Frage abängstigen lassen dürfen, ob auch der Floh ein senatorischer genannt werden dürfe, der schon vor Erlangung der Senatorwürde da war; zumal da man dies auch schon in altvorderer Zeit mit Für und Gegen besprochen hat.

§7.
Ueber die Flöhe einer Kirchenverstoßenen.

Gewiß weit wichtiger ist die Frage: Ob der Floh eines kirchlich verstoßenen Frauenzimmers gleichfalls für der kirchlichen Gemeinschaft verwiesen anzusehen sei? Nach dem Inhalte der Constitution, wonach Diener, Mägde und andere Haus= leute, welche irgend sonstige Gemeinschaft mit dem kirchlich verstoßenen Herrn haben, der Gefahr des Kir= chenbannes nicht ausgesetzt sind, kann dies mit Fug und Recht verneint werden.

§ 8.
Ob der Herr auch die Flöhe seiner Magd zu eigen bekömmt? Ueber das Nießbrauchrecht.

Daß eine Sclavinn, oder, was dasselbe ist, eine Magd, alles, was sie erwirbt, ihrem Herrn erwerbe,

---

Cf. Pacius Enant. Cent. I. quaest. 39. Wissenbach ad Pand. tit. de Senator. thes. 1.
³) Cap. 103. caus. 11. quaest. 3. Bonacossus de famul. quaest. 257.

mino, ex iure tam notum est, ut soli lumen foenerarer, si allegationes iuris adderem. Quaeritur ergo: an et pulices adquirat? Quod adfirmamus, sive sit pulex adventitius [1]), sive ex ipsa ancilla natus, quem pulicem vernam adpellare possumus; et hic, velut partus ancillae, domini erit [2]). Facit huc, quod animalia a servo adquisita domini statim fiant, et quoad dominium et quoad possessionem [3]). Praeterea omne, quod in meo solo nascitur, meum est [4]).

Quod si quis usumfructum ancillae habeat, eius non erunt pulices; nec adventitii, quum ancilla eos non ex re usufructuarii operisve suis adquisiverit, sed velut donatos habeat [5]), nec vernae; partum enim ancillae in fructu non esse, adiecta ratione solida docet Iustinianus [6])

[1]) § 3. I. Per quas pers. nob. adquir.
[2]) § 4. I. de iur. pers.   [3]) § 3. I. eod.
[4]) § 32. I. de Rer. divis.   [5]) § 4. I. eod.
[6]) § 37. I. eod. L. 27 D. de Hered. petit.

§ 9.
Communio bonorum inter coniuges. Observatio.

Similis planeque gemella quaestio est haec: an, quum hodie communio bonorum sit inter coniuges, idem ad pulices uxoris

ist rechtlich ganz bekannt und es hieße nur der Sonne Strahlen leihen, wollte ich hierfür rechtliche Beispiele anführen. Es fragt sich daher: Ob der Herr auch die Flöhe zu eigen bekomme? Wir bejahen dies, der Floh mag nun ein zugelaufener sein, oder bei der Magd selbst seinen Ursprung erhalten haben, für welchen Fall wir ihn ein Hauskind nennen möchten; letzterer namentlich gehört dem Herrn gleichsam als Leibesfrucht der Magd. Der Grund hiervon ist, weil alle Thiere, welche ein Sclave erwirbt, auch sogleich im Augenblicke der Erwerbung mit Rücksicht auf Eigenthum und Besitz dem Herrn gehören. Ueberdieß ist auch alles, was auf meinem Grund und Boden entsteht, mein eigen.

Wenn nun aber Jemand Nießbraucher einer Magd ist: dann gehören ihm auch die Flöhe nicht; und zwar die zugelaufenen deßhalb nicht, weil dieselben von der Magd nicht auf Veranlassung des Nießbrauchers oder der für ihn zu leistenden Dienste erworben sind, sondern sie dieselben gleichsam nur geschenksweise erhalten hat; auch nicht die Hauskinder, da Justinian ganz klar verordnet hat, daß die Leibesfrucht einer Magd nicht zum Nießbrauch gehöre.

§ 9.
Wenn Ehegatten in Gütergemeinschaft leben. Bemerkung.

Eine ähnliche und fast ganz gleiche Frage ist Ob bei der heutiges Tages bestehenden Gütergemeinschaft unter Eheleuten, diese sich auch

2*

sit extendendum, ita ut et illi sint inter
adquaestum numerandi? Quod quidem sta
tuendum crediderim, modo pulices constante ma-
trimonio sint adquisiti ab uxore; illi enim, quos
intulit, ut res paraphernales restituendi sunt per
iura notissima. Atque non est, quod aliquis mihi
ex SENECA[1]) dicat: »Quid te torques et
maceras in iis quaestionibus, quas sub-
tilius est comtemsisse, quam solvisse.«
Habent enim hae quaestiones, §⁰ 8ᵃ et 9ᵃ pro-
positae, magnam utilitatem in Utopia, ubi tam
rara avis est pulex, ut velut ex Africa monstrum
dato pretio spectetur. Potest et in Germania
eorum usus esse, praesertim Norimbergae. ubi
pulices catenulis vincti venduntur, indeque ad-
quaestus fit inter coniuges.

[1]) Seneca Ep. 49.

§ 10.
Cautio de non offendendo.

Si ab eo, qui nos offensurus erat, cautionem
de non offendendo accepimus, id quoque de pulicibus accipiendum, adeo ut commissa sit stipu-
latio, simul ac nobis invitis pulicem nostrum
occiderit. Nam talis cautio etiam de familiaribus

auf die Flöhe der Ehefrau erstrecke, so daß
auch sie zu dem Erwerbe zuzurechnen seien?
Meines Erachtens muß dies zugestanden werden hin=
sichtlich der Flöhe, zu deren Besitz die Frau während
der Ehe gelangt ist; hinsichtlich derjenigen aber, welche
sie mit eingebracht hat, so sind diese, nach ganz be=
kannten Gesetzen, als Spillgüter anzusehen. Wollte
hierbei Jemand zu mir mit Seneca sprechen: Was
quälst und peinigst du dich mit Fragen, bei
denen es weit klüger ist, sie mit Stillschwei=
gen übergangen, als ihre Lösung glücklich ge=
funden zu haben; so entgegne ich: diese dem 8. und
9. Paragraphen überstellten Fragen sind von wesentli=
chem Nutzen für Utopien, wo ein Floh ein so seltener
Vogel ist, daß er gleichsam wie ein afrikanisches Wun=
derthier nur für Geld gezeigt wird. Auch für Deutsch=
land können sie nöthig sein, vorzugsweise für Nürn=
berg, wo man an Kettchen gelegte Flöhe zu Kauf hält;
und hieraus entsteht doch allerdings ein Erwerb unter
Eheleuten.

§ 10.
Ueber Sicherstellung vor Beschädigung.

Gleichwie wir von demjenigen, der uns nachthei=
lig zu werden droht, uns wegen des zu befürchtenden
Schadens sicher stellen lassen; in gleicher Weise sind
hierunter auch die Flöhe begriffen, so daß die Verredung
gebrochen ist, sobald Jemand unsern Floh wider unsern
Willen getödtet hat. Denn unter einer solchen Sicher=
stellung sind auch die Familienglieder und Hausleute des

et domesticis domini intelligitur [1]), quum pars
corporis dominici sint [2]). Atque sic contra cautionem actum esse respondit inclytus Iurisconsultorum Ordo in Academia, quae Cataniae con-
stituta est.

§ 11.

Actio iniuriarum.

An is, qui puellam einen Flohsack, ein
Flohmagazin, einen Flohpelz etc. vocavit,
iniuriarum teneatur, ex facto quaesitum memini.
Et videbatur, quod sic quum is, qui natale vitium
alicui obiicit, velut si dicat: tu claude, tu
calve, iniuriarum recte conveniatur [3]). Sed di-
stinctionis securi res est decidenda. Videndum
scilicet, utrum iocandi animo tantum verba ea quis
protulerit, quo casu iniuria non praesumitur, nec
iniuriarum actio locum habet [4]); an verum animo
iuiuriandi, qui ex certis circumstantiis praesumen-
dus est, v. g. si iratus fuerit is, qui nimiam pulicum
multitudinem puellae exprobravit [5]). Quantum-
vis autem iniuriandi animus probetur, mitius ta-

---

1) Bonacossus de famul. quaest. 206.
2) L. 5. C. Ad leg. Sul. maiest.
3) Wissenbachii ad Pand. tit. de Iniur. thes. 13.
4) L. 3. § 3 et L. 15 § 23. D. de Iniur.
5) Struvius de vind. priv. cap. 10. aph 6. num. 3.

Herrn mitverstanden, da sie einen Theil seines Körpers ausmachen. Auf diese Weise hat die berühmte Juristenfakultät auf der Universität zu Catania einen Fall wegen verletzter Sicherstellung entschieden.

§ 11.
Klage wegen zugefügter Beleidigung.

Ich erinnere mich, daß wirklich einmal die Frage aufgeworfen wurde, ob derjenige, welcher ein Mädchen einen Flohsack, ein Flohmagazin, einen Flohpelz und so weiter heißt, eine Beleidigung begangen habe. Und da hatte man denn angenommen, daß ein solcher der zugefügten Beleidigung eben so gut überführt sei, als derjenige, welcher einem Andern ein Leibesgebrechen vorwirft und zum Beispiel zu ihm sagt: Hinkebein, Glatzkopf! Da man indeß bei der Entscheidung nur sicher geht, wenn man unterscheidet, so muß man auch untersuchen, ob jene Worte nicht etwa in Scherz gesprochen sind, und in diesem Falle kann von einer Beleidigung nicht die Rede sein, noch findet wegen derselben eine Klage statt; oder aber, ob die Absicht zu beleidigen da war, und dies kann aus den Umständen hervorgehen, wie z. B. wenn derjenige, welcher einem Mädchen ihre Unzahl von Flöhen vorwarf, sich im Zustande des Zornes befand. Ungeachtet nun aber auch die Absicht zu beleidigen nachgewiesen werden sollte, so dürfte doch immer der Beleidiger, wenn

men iniurians videtur puniendus ob iniuriae veri-
tatem [1]).

§ 12.
Ancilla pulices captans.

Conduxerat Titius puellam, forma conspi-
cuam facieque spectabilem, quae pro annua mercede operas ita locaverat, ut coqua domestica esset. Quam quum Titius quotidie ingentes pulices,
quibus maxime abundabat, in ipsa culina captare,
captosque inter ipsas operas, dum fercula et da-
pes parabat, conversis unguiculis necare animad-
vertisset, nausea pertaesus dimittere invitam
cupiebat ante tempus locationis conductionis
finitum. Quaesitum igitur fuit: famula sive
ancilla nonne dimitti queat propterea,
quod singulis momentis pulices captat?
Omnes aequi aestimatores concedent puellae
moderamen inculpatae tutelae adversus pulices
malignos, qui teneros morsu depascuntur artus.
Tum quoque, pulices capere, est opus feminarum
naturale, cui aeque ac aliis earum rebus natura-
libus paulo fastidiosis ignoscendum [2]). Cui accedit, quod ob morbum ancilla domo expelli
nequeat [3]), ad pulices captare quasi morbus natu-

---

[1]) Carpzovius Prax. crim. P. II. quaest. 9S. num.
40. seqq.

[2]) Arg. L. 22. C. Qui testam. fac. poss.

[3]) L. 4. § 5. D. de Statulib. L. 27. D. Loc.

er die Wahrheit in der Beleidigung nachweis't, gelinder zu bestrafen sei.

§ 12.
Eine flohfangende Magd.

Titius hatte ein, von Gestalt und Gesicht gleich schönes Mädchen gegen einen jährlichen Lohn in seine Dienste als Köchin genommen. Nun sah Titius, wie dieselbe täglich Flöhe von ungewöhnlicher Größe, die sich bei ihr in ungemessener Zahl aufhielten, geradezu in der Küche fing und dieselben während ihrer Dienst= verrichtungen, wo sie Geschirr und Speisen anrichtete, mit den Nägeln todt knickte; und wollte, da ihm dies doch zu ecklig war, sie deshalb, ihres Widerspruchs ungeachtet, noch vor Beendigung ihrer Miethszeit ent= lassen. Es wurde deshalb die Frage aufgeworfen: Ob man nicht eine Dienerin, oder Magd deßwe= gen, weil sie bisweilen Flöhe fange, ihres Dienstes entlassen könne? Alle billigen Beurthei= ler werden dem Mädchen das Recht der Selbstverthei= digung gegen die bösen Flöhe, die mit ihrem Stachel auf den zarten Gliedern umherjagen, nicht absprechen. Ueberdies aber ist auch das Geschäft des Flohfangens den Weibern angeboren und somit, gleich andern, wohl weniger unangenehmen Dingen, die sie auch mit auf die Welt gebracht haben, dies ihnen weiter nicht nach= zutragen. Hierzu kommt noch, daß eine Magd, wenn sie krank wird, nicht aus dem Hause gejagt werden kann, und das Flohfangen eine gleichsam von der Na= tur selbst vorgeschriebene Krankheit ist. Durch solche

ralis sit. Quibus quidem ingeniosissimis iisque
gravissimis rationibus, summae aequitati ipsisque
legibus omnimode consentaneis, mota Suprema
Curia Provincialis, ad quam causa devoluta erat,
rite pronuntiavit: Titium coquam suam. pulices singulis momentis captantem. nec
dimittere, nec illi annuam mercedem mi-
nuere posse. Sententiae admodum memorabi-
lis tenor fuit: Auf übergebene Appellation,
deren Rechtfertigung u. s. w. erkennen
Wir u. s. w. unter Zurücklegung der coram iudice a quo passirten und in dreien
Fasciculis sub Lit. A. B. et C. uns zugefertigten Voracten, perpensis perpen-
dendis, consideratisque considerandis,
hiemittelst für Recht: Dass die erho-
bene Appellation quoad formalia zu
Recht beständig und zur gebührenden
Rechtfertigung anhero erwachsen. anlangend dargegen materialia wohl gesprochen uud übel appelliret, derowegen sententia a qua. wie dessmittelst
geschieht, dahin zu bestätigen, dass
appellantischer Titius, Einwendens ungehindert, die Anna Barbara, Klägerinn,
modo Appellatinn. vor erweislich gänz-

sehr scharffinnigen und gewichtigen Gründe, die in jeder
Hinsicht der Billigkeit und den Gesetzen entsprechen,
geleitet, entschied in aller Form Rechtens der höchste
Gerichtshof der Provinz, vor welchem der Rechtsfall
verhandelt war: Daß Titius seine Köchin, wenn
sie bisweilen Flöhe fange, weder aus dem
Dienste entlassen, noch ihr den jährlichen Lohn
verkürzen könne. Die höchst merkwürdige Sentenz
lautete: Auf übergebene Appellation, deren
Rechtfertigung u. s. w. erkennen Wir u. s. w.
unter Zurücklegung der, vor dem ersten Rich=
ter passirten und in drei Bänden unter den
Buchstaben A. B. und C. uns zugefertigten
Vorakten, nach gehöriger Erwägung und Be=
rathung hiemittelst für Recht, daß die erho=
bene Appellation, was die Förmlichkeiten
anbetrifft, zu Recht beständig und zur gebüh=
renden Rechtfertigung anhero erwachsen; an=
langend dargegen die Sache selbst, wohl ge=
sprochen und übel appelliret, derowegen das
erste Erkenntniß, wie deßmittelst geschiehet,
dahin zu bestätigen, daß appellantischer Ti=
tius, Einwendens ungehindert, die Anna Bar=
bara, Klägerinn, jetzt Appellatinn, vor er=

lich beendigter Dienstzeit aus seinem
Hause zu entfernen nicht befugt, vielmehr solche annoch elf Monate auch
drei Tage a dato im Dienste zu behalten, weniger nicht derselben ein jähr-
liches Dienstlohn, wie solches in dem
am 15. April 1733 coram Notario et
testibus errichteten Dienstbotenkon-
trakte verbriefet worden, baar und unverkürzt auszukehren schuldig und gehalten ist. Compensatis expensis. V. R.
W. De regundis scriptionis nostrae finibus solli-
citi omittimus rationes dubitandi et decidendi doctissimas, quibus iura et obligationes
pulicum egregie illustrantur. Id monebimus tantum, litis expensas compensatas fuisse addita ratione: Dieweil die Sache rechtlicher Erörterung bedurft. Eadem illa compensationis
ratio saepiuscule sententiis inest, neque negandum, eam omnibus caeteris palmam praeripere,
quoniam et commoditati et ignorantiae inservit.
Unde quod nasutuli sciolique nonnulli, qui multis
sententiarum fabricatoribus acutiores videri vo-
lunt, garrire solent, ridiculam scilicet esse ratio-
nem istam, quum omnis omnino causa civilis, si
quidem iudex actionem a limine iudicii non reie-

weislich gänzlich beendigter Dienstzeit aus
seinem Hause zu entfernen, nicht befugt, viel=
mehr solche annoch elf Monate auch drei
Tage vom heutigen Tage ab im Dienste zu
behalten, weniger nicht derselben ein jährli=
ches Dienstlohn, wie solches in dem am 15.
April 1733 vor Notar und Zeugen errichte=
ten Dienstbotencontracte verbriefet worden,
baar und unverkürzt auszukehren schuldig
und gehalten ist; die Kosten jedoch compen=
sirt werden. Von Rechtswegen. Wir überge=
hen, um nicht die uns gesteckten Grenzen unsers Werk=
chens zu überschreiten, die sehr gelehrten Zweifels=
und Entscheidungsgründe, welche über die Rechte
und Pflichten der Flöhe so herrliche Erläuterungen
geben, und wollen nur noch erwähnen, daß als Grund
zur Kostencompensation angeführt ist: Dieweil die
Sache rechtlicher Erörterung bedurfte. Gerade
diesen Kompensationsgrund findet man nur zu oft in
den Erkenntnissen und es ist auch nicht in Abrede zu
stellen, daß er, ein treuer Diener der Bequemlichkeit
und Unwissenheit, allen übrigen die Palme entreißt.
Wenn daher etliche naseweise Spötter, die sich weit
scharfsinniger dünken, als die vielen Sentenzenmacher,
auf das alberne Geschwätz gekommen, daß jener ein
lächerlicher Grund sei, da ja doch jeder Rechtsstreit,
wenn er nicht von vorne herein von dem Richter zurück=

erit, veut ilatione iudiciali egeat, dignum non est, quod refellatur.

§ 13.
Ancilla pulicem negligens.

Si ad pulicem, collo forte insidentem vel tergo, capiendum famulam advocet hera, illa vero eum non capiat, colapho puniri potest, quoniam dominae competit ius, ancillam moderate castigandi ob negligentiam in servitio commissam. Latam culpam autem, quae dolo aequiparatur, commisit venatrix, dum id non fecit, quod omnes istius conditionis homines facere possunt [1]); quinimo imperitia, praesertim tanta, culpae est adscribenda [2]).

§ 14.
Pulex praegnans.

Cepit Sempronia pulicem manifeste praegnantem; num animalculum poena corporis adflictiva adficere potest? Nego et pernego, quia calamitas matris non debet nocere ei, qui in ventre est [5]). Hinc praegnantem pulicem ne licet quidem relegare, extra fenestram proiiciendo, praesertim si sit hyems [4]).

---

[1]) L. 223. D. de Verbor. signif.
[2]) § 7. I. de Leg. Aquil.

gewiesen wird, von Gerichtswegen untersucht werden müsse, so ist dies einer Widerlegung gar nicht werth.

§ 13.
Eine auf Flöhe unachtsame Magd.

Wenn eine Hausfrau ihre Magd herbeiruft, um einen auf ihrem Nacken oder ihrem Rücken sitzenden Floh zu fangen, und diese denselben entwischen läßt, so ist eine Ohrfeige die gerechte Strafe, weil einer Hausfrau gegen ihre Magd wegen Nachlässigkeit im Dienste ein gelindes Züchtigungsrecht zusteht. Ein gro= bes, fast der Absicht gleich zu setzendes Versehen läßt sich aber die Magd in ihrem Flohjägergeschäfte zu Schulden kommen, wenn sie dabei nicht allen den Fleiß anwendet, den die zu diesem Geschäfte bestimmten Leute anwenden können; ja sogar Unbeholfenheit, zumal eine so große, muß auf Rechnung der Nachlässigkeit kommen.

§ 14.
Ein schwangerer Floh.

Sempronia fing einen augenscheinlich schwangeren Floh. Kann das Thierchen mit einer Leibesstrafe be= legt werden? Ich sage nein! und noch einmal nein! weil die Strafabbüßung der Mutter nicht der Leibes= frucht nachtheilig fallen darf. Ja man darf einen sol= chen Floh nicht einmal aus dem Fenster werfen, am allerwenigsten aber zur Winterszeit.

---

³) L. 18. D. de Stat. hom. L. 3. D. de Poen.
⁴) H a h n i u s ad Wesenbec. tit. de Stat. hom. num. 3.

§ 15.

Quid, si pulex murum civitatis transilit?

An pulex, civitatis murum transiliens, poena capitali sit adficiendus, in dubium vocarunt nonnulli. De nostra quidem sententia, capitalis poena locum habet; quia lege non distinguente, nec nos distinguere debemus [1]. At generaliter lex poenam capitalem crimini tali dictitat [2], adeo, ut fratrem Remum Romulus propterea occiderit, quemadmodum LIVIVS et FLORVS diserte testantur. Difficillimum interim erit, tale delictum probare, quum ex communi Doctorum opinione decem senes cum perspicillis, et tres optici cum microscopio ad testimonium in hac causa criminali, ubi omnia luce meridiana clariora esse debent [3], requirantur.

§ 16.

De capitatione ac pedagio nonnulla.

Saepiuscule fit, ut non solum hominibus, verum etiam pecudibus capitatio inponatur [4]. Unde dubium oriri posset, capitatione (idem de pedagio sentias) omnibus animalibus imposita, an id etiam

[1] L. 8. D. de Public. act.
[2] L. ult. D de Rer. divis.
[3] L. ult. C. de Probat.

§ 15.
Wie dann, wenn ein Floh die Stadtmauern überspringt.

Es ist bei Einigen ein Zweifel darüber entstanden, ob nicht ein Floh, wenn er die Stadtmauern überspringt, am Leben gestraft werden müsse. Ich stimme damit ganz überein, weil, wo das Gesetz nicht unterscheidet, auch wir keinen Unterschied machen dürfen. Und die Gesetze bestimmen überhaupt für dieses Verbrechen die Todesstrafe; ja Romulus erschlug auch aus dieser Ur= sach, nach den klaren Zeugnissen des Livius und Flo= rus, seinen Bruder Remus. Indeß dürfte es sehr schwierig sein, den Beweis für das Vorhandensein eines solchen Verbrechens zu führen, da nach der gewöhnli= chen Ansicht der Rechtslehrer zu einem beweisenden Zeugnisse in diesem peinlichen Rechtsfalle, zehn Greise mit Lupen und drei Optiker mit Mikroskopen nöthig sind, und es überdieß heller Mittag sein muß.

§ 16.
Etwas über Kopfsteuer und Geleitsgeld.

Es ist etwas nicht Ungewöhnliches, daß auf Men= schen sowohl, als auch auf Vieh eine Kopfsteuer gelegt wird. Es könnte nun zweifelhaft sein, ob, wenn die Kopfsteuer (und dies gilt auch von dem Geleitsgelde) von allem Vieh gefordert wird, nicht auch darunter

---

[4] Videatur Brunnemannus Com. ad Cod. ad L. 8. de S. S. eccles. Seckendorf deutsch. Fürstenst. P. III. Reg. 8. p. m. 453.

de pulicibus sit intelligendum. Et hic Davo emunctior Oedipus, in enodanda quaestione sacra sua commovens, pro negativa sententia tamquam pro aris et focis pugnaret, ac nemo, credo, nisi ingenium pistillo retusius habens et ieiunissimus iudicii, in adversa acie staret. Manifeste enim est contra mentem maiestatis capitationem vel pedagium imponentis. Porro, si mulieres non essent solvendo, dotem dare cogerentur, quam tamen salvam esse reipublicae interest [1]). Et quomodo gabellarius pulices numerare poterit? Difficilius certe esset, quam stellas coeli numerare ac, ut cum Cicerone loquamur, facilius esset, e pulvere eruere Archimedeum´ problema, vel ediscere Pacuvii Teucrum. Pulicum multitudo nemini cognita est, nisi Deo, quem omnia, etiam minima, scire atque curare Sacra Scriptura testatur: dat escam pullis corvorum [2]); sine eius voluntate ne passerculus quidem de tecto cadit [3]), ac capitis nostri pilos in numerato habet [4]). Quidni pulicum in universo terrarum orbe exsistentium numerum sciat?

Pulices itaque eo minus capitationi possunt

---

[1]) L. 1. D. Sol. matrim. dos quemadm. pet.
[2]) Psalm. CXLVII. vers. 9.
[3]) Matth. X. vers. 29.
[4]) Matth. X. vers. 30., de pediculis vid. Exod. VIII.

die Flöhe mit begriffen seien. Und hierbei zeigt sich Ödipus wieder als ein hellerer Kopf, als Davus, wenn er bei Lösung der Frage seine Bilder umherträgt und dabei für die entgegengesetzte Ansicht, wie für Haus und Hof, ficht; und so glaube auch ich, daß Niemand, er sei denn stumpferen Geistes, denn eine Mörserkeule, oder er habe das allernüchternste Urtheil, noch auf feind= licher Seite stehen wird.   Denn einmal liegt jenes au= genscheinlich nicht in der Absicht des die Kopfsteuer oder das Geleitgeld anordnenden Staatsoberhauptes. Dann auch ferner müßten wohl gar die Frauenzimmer, wenn sie zahlungsunfähig befunden würden, ihre Mit= gift hergeben, da es im Gegentheil doch nur im In= teresse des Staates liegt, daß dieselbe nicht verkürzt wird.   Und wie möchte endlich ein Steuerpächter im Stande sein, alle Flöhe zu zählen?   Sicher wäre dies ein weit schwierigeres Unternehmen, als selbst die Zahl der Sterne am Himmel zu finden; ja, um mit Cicero zu reden, es würde noch um vieles leichter sein, des Archimedes Aufgabe der Sandrechnung aus Staub= körnchen zu lösen, oder den Teucer, die Tragödie des Pakuvius, auswendig zu lernen.   Denn die große Zahl der Flöhe ist nur Gott bekannt, der, wie die heilige Schrift sagt, selbst das Kleinste kennt und für dasselbe sorgt, der die jungen Raben speiset, ohne dessen Willen nicht der kleinste Sperling vom · Dache fällt und der die Haare auf unserem Haupte gezählt hat.   Wie sollte er nicht die Zahl der Flöhe kennen, die auf un= serm Erdboden leben!

Nach diesem Allen können daher die Flöhe der

3*

esse subiecti, quo certius hic per aversionem **agere non licet**, ob varias, quae inde oriri possent, fraudes ministrorum capitationem accipientium.

§ 17.

Leviuscula circa lotricem dubitatio.

Lavandam dederat Sempronia lotrici indusium, in quo relato vestigia stercoris pulicei adparebant; recte Sempronia mercedem detrectavit, quum lotrix, quippe quae ut artifex levissimam culpam praestare tenetur [1]), locationis legi non satisfecisset. Quemadmodum vero lotrix ad impossibile obligari nequit, ita illi, re praesertim non rigidi iuris lance, sed trutina aequitatis ponderata, merces exsolvi debuisset, si quidem, Semproniam complexionis scorbuticae fuisse, sumere velimus [2]). Nam experientia teste pulices earum mulierum, quae tristi morbo isto discrutiantur, proiiciunt excrementa arctissime cohaerentia, quae a lotrice vix, ac ne vix quidem, adtrito sapone et aquis elui abstergique possunt.

---

[1]) L. 25. § 7. D. Loc. L. 21. C. Mand. § 1. in fin. I. de Obligat. ex quasi contr. L. 8. § 1. D. de leg. Aquil. **L.** 9. § pen. et L. 13. § 5. D. Mand.

[2]) **L.** 185. **D. de Reg. iur.**

Kopfsteuer nicht mit unterworfen sein, und dies um so weniger, weil wegen der möglichen, verschiedenen Betrügereien vom Kopfsteuer=Einnehmer, hier in Bausch und Bogen nicht verfahren werden kann.

§ 17.
Ein ganz unbedeutender Zweifel hinsichtlich einer Wäscherin.

Sempronia hatte ihren Unterrock einer Waschfrau zum Waschen gegeben und fand, als sie ihn zurücker= hielt, noch Spuren von Flohdreck in demselben vor. Mit Recht verweigerte Sempronia deßhalb die Bezah= lung, da die Wäscherin, welche gleich jedem Künstler für das geringste Versehen haften müsse, dem Verdin= gungsvertrage nicht entsprochen habe. Allein, gesetzt Sempronia wäre mit Scorbut behaftet gewesen; dann hätte sie auch, zumal wenn wir die Sache mehr mit der Waage der Billigkeit, als des strengen Rechtes abwägen, der Wäscherin, die zur Leistung des Unmög= lichen nicht verpflichtet werden konnte, Zahlung leisten müssen. Denn es ist bekannt, daß die Flöhe der mit jener beklagenswerthen Krankheit behafteten Frauen, ihren Leibesabgang so dicht an einander häufen, daß eine Waschfrau ihn nur mit genauer Noth, und das nicht immer, mit Seife und Wasser abwaschen und abspülen kann.

§ 18.
Vestes pulicosae depositae vel commodatae.

Pulcherrima quaedam femina, viri ignara va
cuoque adsueta cubili, in museum Caii, SS. theo-
logiae studiosi, nescio quam ob causam, vestes
deposuerat suas, quae, quum in iis tot pulices
essent, quot syllabae in Calepino, mox totum museum compleverant. Inde quaestio exorta: an
depositi teneatur virgo? Iudex erat magni-
ficus universitatis Rector, et res vario Marte acta,
donec iudiciali sententia tandem victoria a parte
Caii stetit, quoniam, ubi ex re deposita damnum
depositario datum est, tenetur deponens, sive sci-
verit, rem noxiam esse, sive nesciverit [1]).

Quid vero de vestibus pulicosis commo-
datis dicendum sit, colligere licet ex L. 63. § 6.
de furt. et L. 18. § 3. etc. Commod., ubi inter
se digladiantur Doctores, utrum dolo aequiparatur
lata culpa, sententiam adfirmativam defendente
STRUVIO [2]) contra praeceptorem suum HAH-
NIVM [3]). Ego usumfructum cuique suae opinionis

---

[1]) L. 61. § 1 et 5. D. de Furt. L. 31. in fin. D. de
Pignerat. act.

[2]) Struvius Synt. iur. civ. Ex. XIX. thes. 10. § 2.
Qui sibi tamen contradicit thesi 39 eiusdem Exercitationis.

[3]) Hahnius ad Wesenbec. tit. Commod. num. 12.

§ 18.

Wenn Kleider. in welchen sich Flöhe aufhalten, zur Verwahrung übergeben, oder geliehen werden.

Ein sehr schönes Mädchen, das noch Manns=
unkundig war, und ihr Bett noch mit Niemand
theilte, hatte, ich weiß nicht aus welchem Grunde, ihre
Kleider in dem Studirzimmer des Cajus, eines der heiligen
Gottesgelahrtheit beflissenen Musensohnes, verwahr=
lich niedergelegt, und da in jenen so viel Flöhe
waren, als Sylben in Calepin, so war davon auch
bald das ganze Zimmer voll. Deßhalb entstand die
Frage: Ob die Jungfrau aus dem Verwah=
rungsvertrage verpflichtet sei? Der entschei=
dende Richter in der Sache war Se. Magnifizenz, der
Rector der Universität, und als nun hin und wider
gestritten war, fiel endlich, nach richterlichem Ausspruch,
der Sieg auf die Seite des Cajus, weil der Verwah=
rungsgeber, wenn er wissentlich oder auch selbst un=
wissentlich eine schädliche Sache niedergelegt hat, dem
Verwahrungsnehmer auch für den aus der Verwahrung
der Sache entstandenen Schaden aufkommen muß.

Wie es sich aber damit verhält, wenn man Klei=
der, in welchen sich Flöhe aufhalten, geliehen hat,
darüber spricht § 6 des 63. Gesetzes über den
Diebstahl und § 3 des 18. Gesetzes der Pan=
decten über den Leihvertrag, wobei jedoch die
Rechtslehrer darüber uneins sind, ob hier ein grobes
Versehen der Absicht gleich gesetzt wird, welche Ansicht
Strub [1] gegen seinen Lehrer Hahn vertheidigt hat.

---

[1] Er widerspricht sich jedoch im 39. Satze derf. Abhandlung.

libenter relinquo et, ut quondam Imp. CLAUDIVS [1]),
secundum eum sentio, qui vera proposuit.

§ 19.
Domus pulicibus inquinata.

Nonnunquam quaesitum fuit, an inquilinus
domum conductam ob pulicum multitudinem deserere possit. Adfirmative patrocinamur, et quidem favente Themide [2]), modo tanta adsit pulicum multitudo, ut ei resisti nequeat [3]). Idem
de cimicibus, quibus aedium usus in totum vel pro
parte impeditur, valere notissimi iuris est. Quid?
quod leges [4]) diserte constituunt, ob hostium in-
cursum, vel praedonum aut latronum malitiam li-
cite deseri fundum. At quaeso, quinam hostes sint
ferociores, atrociores ac sanguinolentiores, quam
pulices! Videsis Epinicium in pulices, quo so-
rorcula mea, omnis politioris doctrinae peritissima,
Iunonem imitata sic modulari exorsa:

— — Una cum gente tot annos
Bella gero — =

---

[1]) Vid. Suetonius Vit. Claud. cap. 15.

[2]) L. 27. § 1. D. Loc.

[3]) L. 15. § 2. D. eod. Servius omnem vim, cui
resisti non potest, dominum colono praestare
debere ait.

[4]) L. 33. in fin. et L. 34. D. cod.

Ich für mein Theil überlasse gern einem Jeden die Früchte seiner Meinung und folge, wie dies einst der Kaiser Claudius that, nur demjenigen, der die Wahrheit lehrt.

§ 19.
Wenn ein Haus durch Flöhe verunreinigt ist.

Man hat bisweilen die Frage aufgeworfen, ob es dem Miether frei stehe, seine Miethswohnung wegen zu vieler Flöhe zu verlassen? Wir nehmen die bejahende Ansicht in Schutz und berufen uns dabei auf die Gesetze, aber auch nur dann, wenn so viel Flöhe da sind, daß der Miether sich vor ihnen weder helfen noch rathen kann[1]). Es ist rechtlich ganz bekannt, daß dies auch bei Häusern gilt, die wegen Wanzen fast ganz oder zum Theil unbewohnbar sind. Wie das? fragst du: weil die Gesetze mit klaren Worten verordnen, daß man ein Grundstück wegen feindlicher Einfälle, oder wegen böslicher Nachstellungen von Freibeutern und Räubern verlassen dürfe. Und nun nenne mir den Feind, der wohl wilder, grausamer und blutdürstiger wäre als ein Floh! Höre doch einmal den Siegesgesang auf die Flöhe, mit welchem mein aller schönen Wissenschaften kundiges Schwesterchen, der Juno gleich, singend hervorgetreten ist:

— — So viel Jahre nun kämpf ich
Gegen das eine Geschlecht — —

---

[1]) Servius sagt: Der Hauseigner müsse dem Miethsmann in allem kräftig beistehen, wo dieser sich selbst nicht helfen noch rathen könne.

Neque tamen procedunt, quae diximus, quoties foeda et obscoena ipsius inquilini impuritia in tantum numerum creverint bestiolae; tunc enim non solum absque soluta pensione emigrare nequit inquilinus [1]), sed et ante finitum locationis tempus expelli potest [2]). Ita quoque, si pulicum grex artibus magiae diabolicis, ob inimicitiam adversus inhabitatorem, in domum intrusus fuerit, pensio haud remittitur [3]), modo inimicitiae causam dederit inquilinus [4]); quamvis allii, hoc non esse necessarium, statuant [5]). Aliud obtinet, si venefica tale quid fecerit, odio et inimicitia contra aedium dominum mota; hoc casu inquilinus non solum migrare, sed et, si iusta odii et inimicitiae causa adsit, ad id quod interest agere potest. Ponamus vero, conductorem omnes casus fortuitos in se suscepisse, ac veneficas, sine culpa alterutrius contrahentium, immensos pulicum greges compulisse in aedes, talem casum, ut insolitum et incogitatum, ferre cogitur conductor [6]).

---

[1]) Arg. L. 25. § 3 et 4. D. eod.

[2]) Arg. L. 3. in fin. Cod. eod.

[3]) L. 25. § 4. D. eod. L. 56. pr. D. solut. matrim. dos quemadmod. pet.

[4]) L. 19. D. Commod.

[5]) Suffulti L. 41. D. Loc. Ita hunc iuris articulum deductum exhibet Wissenbachius Disputt. P. I. Num. 21. thes. 10.

Jedoch können unsere Bemerkungen da nicht Platz greifen, wo sich durch garstige und schmuzige Unrein= lichkeit des Miethers selbst die Zahl der Thierchen so ungeheuer vermehrt hat; vielmehr muß dann der Mie= ther nicht nur vor seinem Abzuge den Miethszins be= zahlen, sondern er kann auch gezwungen werden, noch vor beendigter Miethszeit die Wohnung zu räumen. Auch dann findet kein Erlaß des Miethszinses statt, wenn in feindseliger Absicht gegen den Mitbewohner durch magische Zauberkünste eine Masse Flöhe in das Haus gebannt ist; jedoch nur dann, wenn der Miether die Veranlassung zur Feindschaft war; wiewohl Einige diese Nebenbedingung nicht für wesentlich halten. An= ders aber verhält es sich, wenn eine Zauberin derglei= chen aus gehässigen und feindseligen Gesinnungen gegen den Hauseigenthümer ausgeführt hat; in diesem Falle darf der Miether nicht bloß die Wohnung räumen, sondern er hat auch noch, wenn sich die gehässigen und feindseligen Gesinnungen rechtfertigen lassen, eine Klage auf Schadenersatz. Gesetzt aber, der Miether habe selbst den Zufall zu tragen übernommen, und es sei ohne schuldbare Veranlassung, weder des einen, noch des andern der beiden Vertragenden, durch Zauberkünste eine ungeheure Masse Flöhe in das Haus gebracht: dann muß auch der Miether einen solchen Zufall, als ungewöhnlichen und nicht bedachten allein, tragen.

[6) S t r u v i u s Synt. iur. civ. Ex. XIX. thes. 19. quaest. 2. Post alios novissime dissentit T a b o r Relatt. Argent. num. 98.

Spero, fore ut haec disputationis nostrae
portiuncula veniam impetratura sit ab his, qui artes
istas diabolicas pro plane fictitiis et commentitiis
habuerint. Egregie enim hallucinantur. Adeant
Philosophorum aeque ac Iurisconsultorum cory-
phaeum CARPZOVIUM¹), qui, compluribus Sa-
crae scripturae locis innitens, ad oculum demon-
stravit:
1. Veneficas, magas, sagas seu incantatrices r e
vera exsistere;
2. Posse eas, permissu Dei, pulices facere.

§ 20.
Casus memorabilis.

Vere novo, quum moestam hyemem sol au-
reus egerat sub terras, quum iam tinnire volucres
incipiebant, nidosque reversa lutabat hirundo, ex-
spatiati erant iuvenes virginesque in hortum flu-
mini vicinum, Dum circa ripam cum Titio reptat
Helena, videt iacentem arundinem cum hamo ad
pisces capiendos: quam dum proiicit in aquam,
conveniunt, ut omne, quod caperet puella, pro
honorario cederet Titio²). Inter piscandum illa

---

¹) Carpzovius Praxis crimin. P. I. quaest. 19. Num. 55.
²) Qualis conventio est quoque in L. 11. § 18. D. de
Act. emt.

Ich darf hoffen, daß dies Capitelchen in meiner Abhandlung auch von denen nicht übel aufgenommen werden wird, welche jene Teufelskünste für gänzlich erdichtet und aus der Luft gegriffen erklären. Denn die so sprechen, reden wahrlich nur geradezu in den Tag hinein. Sie mögen Carpzov, den vornehmsten aller Philosophen und Rechtsgelehrten fragen, der hat aus mehreren Stellen der heiligen Schrift bewiesen:

1. Daß es wirklich Zauberinnen, Hexen, kluge Frauen und Wahrsagerinnen gäbe;
2. Daß es auch, mit Gottes Zulassung, in ihrer Macht stehe, Flöhe zu machen.

§ 20.
Ein merkwürdiger Rechtsfall.

Der Frühling war gekommen und die goldene Sonne hatte den trüben Winter unter die Erde zurück= getrieben; schon begannen die Vögel ihr Lied zu trillern und die heimkehrenden Schwalben ihre Nester zu kleben; als eine Schaar von Jünglingen und Jungfrauen einen Garten durchzog, welcher an einen Fluß grenzte. Am Ufer desselben schlenderte Helena mit Titius und fand eine Angelruthe. Da kam das Mädchen, während sie die Angel in das Wasser warf, mit Titius dahin überein, daß sie ihm Alles, was sie finge, zum Geschenk machen würde. In dieser Zeit, wo sie Fische fangen wollte, fing sie einen Floh, von dem sie eben gepei=

capit pulicem sibi forte molestum, ac exorta est
quaestio: an et hic ex conventione Titio
cederet? Videbatur, quod sic. Nam omne, quod
caperetur, sibi stipulatus erat Amasius languens;
iam vero, qui omne dicit, nihil excludit. Interim, quum urna iudicialis vertebatur, praeda puellae per maiora adiudicata est; quoniam ex mente
contrahentium id demum in stipulationem vene-
rat, quod ex piscibus in aqua caperetur. Quid
ergo, si tripodem aureum eduxisset piscatrix,
prout factum erat a Milesiis piscatoribus, a quibus
iactum retis emerant Ionici adolescentes, DIO-
GENE LAERTIO¹) teste: ego certe a Delphico
oraculo dissentirem, nec eum Thaleti aut Deo,
sed puellae ex ea, quam dixi, ratione, scilicet ex
mente contrahentium, addicerem, et pro sportulis
nil nisi subsidium caritativum, i. e. osculum
peterem; praesertim quum virgines iuxta cele-
berrimorum Iurisconsultorum opinionem²) sint
personae miserabiles, a quibus pinguiores sportu-
las accipere inhumanum est. Quae quidem in ardua re est mea sententia; nam oscula libenter do,
libo, delibo roseis puellarum labellis; quid dulcius
lascivo osculo!

---

¹) Diogenes Laertius Vit. Thaletis Lib. I.
²) Vid. Gailius Observatt. Lib. I. obs. I. num. 41.

nigt wurde, und nun entstand die Frage: ob auch
dieser, nach der getroffenen Uebereinkunft
dem Titius zukomme? Der Schein war dafür;
denn der schmachtende Liebhaber hatte sich von dem
Mädchen Alles versprechen lassen, was sie fangen würde,
und wer das Wort Alles gebraucht, der schließt auch
nichts davon aus. Indeß wurde doch, nachdem der
richterliche Schicksalstopf geschüttelt war, durch Mehr=
heit der Stimmen der Fang dem Mädchen zugespro=
chen; und zwar, weil nach der Absicht der Vertragen=
den nur das zum Vertrage gehörte, was an Fischen
im Wasser gefangen würde. Wie aber dann, wenn
die Fischerin einen goldenen Dreifuß herausgezogen
hätte, wie es, nach dem Zeugniß des Diogenes
Laertius, Milesischen Fischern erging, welche ihren
Fischfang Jonischen Jünglingen verkauft hatten. Gewiß
würde ich mich dabei mit dem delphischen Orakel nicht
einverstanden erklären, indem ich denselben weder dem
Thales, noch den Göttern zuspräche, sondern allein nur
dem Mädchen und zwar aus dem angeführten Grunde,
nämlich der Absicht der beiden vertragenden Personen
gemäß; und würde mir statt der Gebühren nur einen
Liebesdienst, ich meine: ein Küßchen erbitten; zumal
da nach der Ansicht der berühmtesten Rechtslehrer die
Jungfrauen zu den nothständigen Personen gehören,
von denen zu hohe Gebühren zu fordern unchristlich ist.
So denke ich bei jedem kritischen Falle; denn ich gebe
gern Küsse und hauche und drücke sie gern auf die
rosigen Lippen einer Jungfrau. Was ginge auch wohl
über einen wollüstigen Kuß!

§ 21.
Quaestio elegantissima.

Offert sese alia quaestio, elegantissima quidem, sed plus difficultatis habens, quam prima fronte credideris, nimirum: pulex utrum inter res mobiles, an immobiles sit referendus? Nam licet responsio non sit difficilis, pulicem referendum esse nimium quantum inter se moventia, hoc tamen non indistincte legibus consonum esse videtur. Si enim v. g. pulices sint in lecto diversorii, quia ille, ex quorumdam haud infimi subsellii doctorum sententia, a qua tamen abit CARPZOVIUS [1]), pro re immobili habetur, pulices quoque, ut accessorium, pro tali haberem. Accessorium sequitur suum principale [2]), et idem in parte, quod in toto, iuris est [3]). Cui accedit, quod fructus pendentes pars fundi sint [4])

§ 22.
De pulice transfuga.

Ponamus, virum et mulierem in uno lecto cubare ac pulicem ab uxore ad maritum salire:

---

[1]) Carpzovius P. III. const. 24. def. 10. Cui addatur Struvius Synt. iur, civ. Ex. III. thes. 82.

[2]) § 26. Inst. de Rer. divis.

[3]) L. 112. D. de Reg. iur.

§ 21.
Eine sehr spitzfindige Frage.

Wir kommen nun auf eine andere und zwar sehr spitzfindige Frage, welche weit schwieriger ist, als man beim ersten Anblick glauben möchte; nämlich: ob ein Floh zu den beweglichen, oder unbeweglichen Sachen gehöre? Denn wenn gleich die Antwort ganz nahe liegt, daß ein Floh doch wohl zu den sich selbst fortbewegenden Sachen gehöre, so ist dies doch, so gerade hin gesagt, mit den Gesetzen nicht ganz über= einstimmend. Denn nehmen wir den Fall, daß sich Flöhe in dem Bette eines Gasthauses aufhalten, so sind nach meiner Ansicht, da das Bett nach der Me= nung einiger, zwar in Widerspruch mit Carpzov stehender, jedoch ganz und gar nicht auf der letzten Bank sitzender Rechtslehrer, zu den unbeweglichen Sa= chen gehört, auch die Flöhe, als Nebensache des Bettes, den unbeweglichen Sachen beizuzählen. Die Nebensache aber folgt der Hauptsache und was bei dem Ganzen Rechtens ist, ist es auch für jeden einzelnen Theil des= selben. Hierher gehört auch noch die Regel, daß die han= genden Früchte einen Theil des Grundstückes ausmachen.

§ 22.
Wenn ein Floh zu einem Andern überspringt.

Denken wir uns den Fall, daß ein Mann an der Seite seiner Frau schlafe und ein Floh von der Frau zu dem Manne hinüberspringe: Hört er nun mit

---

4) L. 44. D. de Rei vind.

an statim uxoris esse desinet? Respondeo,
huius litis decisionem petendam esse ex accurata
diiudicatione quaestionis: utrum ad animalia
prorsus fera ut ursos et lupos, an ad prorsus
mansueta, ut gallinas et anseres, an ad man-
suefacta, ut columbas, pulices sint referendi?
Et quia, me iudice, pulices ex mente legum [1]) ad
animalia mansueta referuntur, sciendum est eos,
licet conspectum uxoris effugerint, quocumque
loco sint, eius manere, ac maritum, si lucri faciendi
animo eos detinet, rei vindicatione conveniri
posse. Quod si tamen pulex transfuga diutius
circa mariti corpus haeserit, indeque multum sanguinis hauserit; vix est, quin eum mariti esse dicamus; sicut in iure romano [2]) constitutum est,
ut fundi mei pars, vi fluminis ad tuum fundum
rapta, tua sit, si longiori tempore fundo tuo in-
haeserit, ac si arbores, quas secum traxit, in fundum tuum radices egerint, indeque alimenta ca-
piant [3]).

---

[1]) § 16. I. de Rer. divis.
[2]) § 21. I. eod.
[3]) § 31. I. eod.

diesem Augenblicke auf, Eigenthum der Frau
zu sein? Darauf antworte ich, daß die Entscheidung
dieses Falles nur von einer genauen Unterscheidung der
Fragen abhängt: ob die Flöhe geradehin zu den wil=
den Thieren, als da sind Bären und Wölfe, oder.
zu den zahmen, wie z. B. Hühner und Gänse, oder
zu den zahmgemachten, wie die Tauben, zu
zählen sind? Wenn ich darüber entscheiden soll, so
gehören die Flöhe im Sinne der Gesetze zu den zah=
men Thieren und verbleiben, wo sie sich auch aufhal=
ten mögen, Eigenthum der Frau, selbst wenn sie von
ihr nicht mehr gesehen werden sollten, der Ehemann
aber kann, wenn er sie in gewinnsüchtiger Absicht an
sich behält, durch eine directe Klage zur Wiederheraus=
gabe gezwungen werden. Sollte jedoch der entsprun=
gene Floh längere Zeit hindurch bei dem Manne zu=
rückbleiben, und bei ihm viel blutige Nahrung suchen,
so wird es keinem Bedenken unterliegen, wenn wir ihn
auch dem Manne als Eigenthum zusprechen. Und
hiermit stimmt auch das römische Recht überein; denn
nach diesem wächst der Theil meines Grundstückes dem
Deinigen zu, der durch den Strom losgerissen, an das=
selbe angetrieben und mit ihm geraume Zeit hindurch
verbunden gewesen ist; unbedenklich aber dann, wenn
die Bäume auf dem abgerissenen Stücke in deinem
Grund und Boden Wurzel geschlagen und aus demselben
ihre Nahrung gezogen haben.

§ 23.
Quaestio paulo fastidiosa, sed magni momenti.

Pertinet ad nostram aream quaestio, inter commensales summi cuiusdam Iurisconsulti (quem honoris causa non nomino) agitata: an Studiosi, qui ad annum conduxere mensam, resilire a contractu possint, ob pulicem in offa vel iusculo repertum? Et, quum suilla eiusmodi inpuritia hospitis sit intolerabilis, ambabus largior manibus, studiosos non solum posse mensam deserere, sed et hospitem convenire ad id, quod interest. Nam contractui non satisfecit, prout aequitas exigit [1]), atque culpam ancillae vel uxoris in officio, cui praeposita est, delinquentis praestare tenetur dominus [2]).

[1]) L. 1. D. de Constit. pec.
[2]) L. 1. § 2 et 5. D. de Public. Conf. Hahnius ad Wesenbec. tit. de Noxal. act. num. 7. Carpzovius P. IV. const. 17. def. 13. et const. 43. def. 7.

§ 24.
Alia quaestiuncula paulo honestior.

Omnes vestes meas tibi legavi: num et pulices in iis legasse videor? Adfirmandum est, quum legato etiam accessiones cedant [3]).

[3]) L. 39. D. de Usufr. L. 44. § 4. D. de Legat. I.

§ 23.

Eine zwar etwas Ekel erregende, jedoch wichtige Frage.

Auch die, einst unter den Tischgenossen eines aus=
gezeichneten Rechtsgelehrten, (aus Achtung verschweige
ich seinen Namen) angeregte Frage schlägt in unser
Feld: Ob Studenten, die sich ihren Mittags=
tisch auf ein Jahr lang vertragsmäßig aus=
bedungen haben, von dem Vertrage wieder
abgehen können, wenn sie in einem Fleisch=
kloße oder in der Suppe einen Floh finden?
Eine schmuzige Wirthschaft der Art in einem Gast=
hause wird wohl Niemand dulden und deßhalb will
ich herzlich gern zugeben, daß die Studnten nicht
nur sofort den Tisch verlassen, sondern auj noch den
Gastwirth wegen Schadenersatz belangen köl nen. Denn
er hat dem Vertrage, den Anforderungen der Billigkeit
gemäß, keinesweges Genüge geleistet, und er hat als
Hausherr die Verpflichtung für das Verselen, welches
seine Mägde oder seine Frau in den ihnen übertragenen
Dienstverrichtungen begehen, einzustehen.

§ 24.

Eine andere, das Gefühl weniger verletzende Frage.

Wenn ich dir alle meine Kleidungsstücke als Legat
vermacht habe, sind darunter auch die in den=
selben befindlichen Flöhe mit begriffen? Zu=
verlässig muß dies bejahet werden, da der Zuwachs

Et quidem legatis vestibus non solum pulices viventes debentur legatario, sed quoque pelles pulicum occisorum; quum vestis adpellatione et pelles animalium veniant[1]). Nec haec quaestio est de lana caprina, sed de pelle pulicum.

§ 25.
Quid iuris sit circa pulices tabernarios.

Saepe fit, ut in caupona hospites, pulicum sturnatim insilentium impetu, ita vexentur, ut itinere fessi dormire nequeant. Inde — praesertim ab advocato rixoso — moveri posset quaestio: an cauponi aliquid aeris pro hospitio sit solvendum? Quod recte negatur, quum culpam caupo praestare cogatur[2]), at pulices non, quoad eius rei fieri potest, abigens omnino in culpa est. Adde, quod caupo hospitum res a damno immunes servare cogatur[3]), ergo multo magis eorum corpora. Ac hospites recipiendo videtur adfirmare et promittere: aedes suas esse commodas iter facientibus[4]). Si tamen hospes cum muliere vel, quod idem est, cum cane puli-

---

[1]) L. 23. § ult. L. 24. L. 25. pr. et § 8. D. de Aur. et arg. leg.

[2]) L. 3. § 1. in fin. D. Naut. caup. stab.

[3]) L. 5. § 1. D. eod.

[4]) Arg. L. 1. § 1. D. eod.

auch der legirten Sache zufällt. Ja noch überdies kommen dem Legatnehmer, wenn ihm Kleidungsstücke vermacht sind, nicht nur die lebenden Flöhe, sondern auch die Felle der todten zu, da unter der Bezeichnung Kleid auch die Felle der Thiere verstanden werden. Es handelt sich auch hier nicht um Ziegenwolle, sondern um Flohfelle.

§ 25.
Was wegen der Wirthshausflöhe Rechtens sei?

Es kommt nicht selten der Fall vor, daß die in ein Wirthshaus Einkehrenden von Flöhen, Staarhaufen gleich, überfallen und so gepeinigt werden, daß sie, selbst wenn sie von der Reise noch so sehr ermüdet sind, nicht einschlafen können. Da könnte nun — zumal von einem streitsüchtigen Sachwalter — die Frage angeregt werden: Ob man in diesem Falle den Wirth zu bezahlen brauche? Mit Recht wird dies verneint, indem ein Wirth für jedes Versehen aufkommen muß und er sich allerdings ein solches zu Schulden kommen läßt, wenn er nicht nach Möglichkeit die Flöhe zu vertilgen sucht. Dazu kommt noch, daß ein Gastwirth für den an den Sachen der Einkehrenden entstehenden Schaden einstehen muß; wie viel mehr ist er nun nicht dazu hinsichtlich ihrer Persönlichkeit verpflichtet. Denn man muß doch annehmen, daß er zugleich durch die Aufnahme der Fremden ihnen auch die Zusicherung und Verheißung geben wolle, sein Haus biete den Reisenden jede Bequemlichkeit. Wenn aber der Fremde eine Frau, oder was wohl dasselbe ist,

coso venerit, cauponi nil imputari potest. Nam
damnum, quod quis sua culpa sentit, sentire non
videtur [1]), nec alteri per alterum iniqua conditio
inferenda est [2]).

§ 26.
Casus plane mirabilis.

Titius opus aureum nostrum, cui titulus:
Werthers Leiden, puellae cuidam viripotenti
_oemmodato dederat, ut ide Courtesiam dis-
ceret. Quem librum quum Titius, aliis procis
partes potiores habentibus, irritatus repeteret,
pulicum stercore eum multis locis adeo corruptum invenit, ut inutilis esset. Itaque commodati
agebat, ac quaerebatur: an actio sit fundata?
Quum, ut melioris notae Iurisconsulti fatentur, in
commodato etiam levissima culpa praestari debeat, omnino ad damnum resarciendum condem-
nandam censeo puellam; adeo ut, si non habeat
in aere, luat in corpore, et executio committa-
tur Titio.

---

[1]) L. 203. D. de Reg. iur.
[2]) L. 74. D. eod.

einen Hund voll Flöhe bei sich führt: dann kann auch dem Wirth nichts zur Last gelegt werden. Denn der Schade, den Jemand durch seine eigene Schuld erleidet, wird als nicht erlitten angesehen; auch soll Niemand von dem Andern etwas Unbilliges verlangen.

§ 26.

Ein, an das Wunderbare grenzender Fall.

Titius hatte einem mannkräftigen Mädchen, um die feine Sitte zu lernen, unser goldenes Buch: Werthers Leiden*), geliehen. Da er indeß sah, daß andere Freier ihm den Vorrang abliefen, so fordere Titius, darüber aufgebracht, das Buch zurück und fand dasselbe an vielen Stellen von Flohdreck so beschmutzt, daß er es nicht mehr gebrauchen konnte. Er klagte deßhalb aus dem Leihvertrage und nun wurde die Frage aufgeworfen: ob die Klage begründet sei? Nach meinem Dafürhalten muß, da die besseren Rechtslehrer darüber einig sind, daß man beim Leihvertrage auch für das kleinste Versehen haften müsse, das Mädchen allerdings zum Schadenersatz verurtheilt werden; ja, Titius darf sein Recht so weit verfolgen, daß, wenn das Mädchen nicht bezahlen kann, er zu der Forderung berechtigt ist, daß sie es mit ihrem Körper büße und ihm die desfalsige Exekution übertragen werde.

---

*) Es scheint, daß Göthe bei späterer Durchsicht der Abhandlung diesen §, oder doch wenigstens den Titel des goldenen Buches' eingeschaltet habe.

§ 27.

Casus similis, nec tamen mirabilis.

In domo sartoris, cui, ad subuculam albam conficiendam, dederam materiam sat magni pretii, haec pulicum spurcitia erat corrupta, ideoque quaerebatur: an sartor ad damnum istud resarciendum obligatus sit? Et nemo, nisi Iudaeus Apella, calculum nobis denegabit, sartorem actione locati vel, si ab initio de mercede non convenerit, actione praescriptis verbis posse pulsari, quia non melius rem custodivit [1]).

§ 28.

Consectarium.

E quo et decidi potest obligatio creditoris pigneratitii, si vestimenta illi in securitatem crediti dederim, ac simile quid per pulices acciderit. Tenetur scilicet [2]). Pertinent huc, quae ex BALDO notat GOTHOFREDUS [3]), creditorem teneri ad vestimentorum sibi oppigneratorum purgationem, defensionem a tineis, et sic porro.

---

[1]) L. 22. D. de Praescr. verb. et in fact. act. L. 10. § 2. et L. 25. § 8. D. loc. L. 13, § 6. D. eod. (ubi fullo tenetur, si mures roserint vestimenta sibi ad poliendum data) L. 14. et L. 17. C. eod. L. 34. D. de Damn. inf.

[2]) Arg. L. 5. § 2. D. Commod. L. 13. § ult. L. 14. et L. 34. D. de Pignerat act. L. 9. C. eod. L. 3. C. de Per. tut.

[3]) Gothofredus Not. ad. L. 13. § 6. D. Loc.

§ 27.
Ein ähnlicher, wiewohl nicht an das Wunderbare grenzender Fall.

Ich hatte einem Schneider ziemlich theures, weißes Zeug gegeben, um mir daraus ein Unterkleid zu fertigen, und dies war in jenes Wohnung von den Flöhen gänzlich verunreinigt; daraus entstand die Frage: Ob der Schneider diesen Schaden ersetzen müsse? Gewiß wird Niemand — es möchte dies etwa der Jude Apella sein — unserer Ansicht entgegentreten, nach welcher der Schneider, da er die Sache nicht besser in Acht genommen hat, mit der Klage aus dem Verdingungsvertrage, oder, wenn kein Lohn vorher ausbedungen ist, mit der Klage nach der vom Prätor vorgeschriebenen Klagformel belangt werden kann [1]).

§ 28.
Folgerung.

Aus dem Vorhergehenden folgt nun auch die Verpflichtung des Faustpfandgläubigers, so daß derselbe, wenn ihm zu seiner Sicherstellung Kleidungsstücke übergeben sind und diese von den Flöhen eben so zugerichtet werden, dafür auch verhaftet ist. Hierher gehört dann auch noch die Bemerkung des Gothofredus zum Baldus, daß der Pfandleiher für die Reinerhaltung der ihm verpfändeten Kleidungsstücke stehen, und dieselben vor Motten bewahren müsse.

---

[1]) Ein Walker muß dafür aufkommen, wenn die ihm zu walken gegebenen Kleider von den Mäusen zerfressen sind.

§ 29.
De rebus venditis axiomata.

His consanguinea est quaestio: an is, qui
pulicum stercore corruptum vendit librum, aedilitio edicto teneatur? Quod
omnino adserendum per ea, quae tradidimus [1]).
Idem valet de tunica pulicibus plena, quae
ignoranti vendita est [2]).
Canem venatori a venatore venditum pulices
ita exhauserant, ut, sicut taurus Virgilianus, vix
ossibus' haereret, et periculum esset, ne ad
corvorum pabulum mox esset proiiciendus; ob
tale vitium non leve, sed usum canis inpediens,
emtorem non teneri, advocatus defendit [3]), et lau-
ream obtinuit per sententiam.

[1]) Cf. Glossa ad L. 1. pr. D. de Aedilit. ed. R o even-
strunku is Meditat. aedil. Lib. I. cap. 1. num. 10.
[2]) L. 1. § 1. D. de Act. emt. L. 13. pr. D. eod. L. 45.
D. de Contr. emt. L. 1. C. de Aedil. ed.
[3]) Arg. L. 1. § 8. L. 36. 4. pr. et § ult. D. de Aedil. ed.

§ 30.
Testamentum stercore puliceo
corruptum.

Prodeat iam in scenam casus quondam in
Auditorio Illustri Veronensi ventilatus, Rustica
quaedam ultimum suum elogium diu in lecto secum repositum habuerat, idque pulices ita spur-

§ 29.
Grundsätze beim Verkauf von Sachen.

Den früheren sinnverwandt ist die Frage: Ob derjenige, welcher ein von Flöhen durchweg verunreinigtes Buch verkauft, nach dem Ädilitischen Edicte verhaftet sei? Dies erledigt sich vollständig durch das früher Gesagte.

Eben dasselbe gilt bei einer Weste, die ganz mit Flöhen übersäet, von Jemand, ohne daß er es weiß, verkauft ist.

Es hatte ein Jäger einem anderen einen von Flöhen ganz ausgemergelten Hund verkauft; derselbe hing, wie der Virgilianische Stier, kaum noch an den Knochen, und man hatte nicht unbegründete Sorge, daß er bald ein Futter für die Raben sein werde. Dennoch, trotz dieses augenscheinlichen Fehlers, der den Hund zum Gebrauch unfähig machte, war nach Ausführung des Sachwalters, der Käufer nicht an den Vertrag gebunden und er errang mit dieser Ansicht im Erkenntnisse den Sieg.

§ 30.
Wenn ein Testament durch Flöhe gänzlich verunreinigt ist.

Jetzt kommt ein Fall an die Reihe, der einmal in einem berühmten Hörsaal zu Verona zur Sprache gebracht worden ist. Es hatte nämlich eine Bäuerin ihre letztwillige Verfügung lange bei sich im Bette liegen gehabt, und da dieselbe von den Flöhen so verun=

caverant, ut nomen heredis legi non posset; quaesitum fuit: quid iuris sit? Ex legibus patet,
illud testamentum non valuisse [1]).

[1]) L. 1. § ult. D. de Bonor. poss. sec. tab. Cf. Ber-
lichius Concluss, practicabb. P. I. concl. 80. n. 91.

§ 31.
De marito venatore.

Quum, teste Sacra Scriptura [2]), maritus sit
dominus uxoris, dubitari posset, an, si in corpore,
v. c. in pectore uxoris pulices quaerere velit, uxor
ei novum opus nunciare possit. Et videtur prima
facie, uxorem id prohibere posse; eum enim, qui
venandi causa fundum meum ingreditur, prohibere possum. Attamen contrarium est verius,
quum fundus ille, ubi maritus pulices venatur,
non tam sit uxoris, quam mariti; quemadmodum
Sacra Scriptura innumeris locis docet. Fructus
autem fundi, inter alia, etiam consistunt in vena-
tione et aucupio [3]).

§ 32.
Cucurbitationis exemplum insigne.

Penna et bipenni agitatus est casus, quem

[2]) Coloss. III. vers. 18. I. Pet. III. vers. 1 seqq.
[3]) L. 9. § 5. et L. 62. D. de Usufr. Cf. Hahnius ad
Wesenb. tit. de Adquir. rer. domin. num. 7. Caeterum

reinigt worden war, daß man den Namen des Erben nicht mehr erkennen konnte, so entstand die Frage: Was denn nun Rechtens sey? Mit klaren Worten bestimmen ja die Gesetze, daß ein solches Testament ungültig ist.

§ 31.
Der Ehemann in Flohfängergeschäften.

Nach dem Zeugnisse der heiligen Schrift ist der Mann Herr seines Weibes; dennoch könnte ein Zweifel entstehen, ob die Frau, wenn der Mann auf ihrem Körper oder ihrem Busen nach Flöhen suchen will, dies zu leiden brauche. Zwar scheint es beim ersten Anblick, daß der Frau ein Recht zum Widerspruche zustehe, denn ich darf allerdings denjenigen, der Jagens halber mein Grundstück betritt, dessen verweisen. Aber im vorliegenden Falle gilt es umgekehrt; denn ener Grund und Boden, auf welchem der Ehemann die Jagd auf Flöhe ausübt, ist nicht Eigenthum der Frau, sondern, wie dies abermals die heilige Schrift an unzähligen Stellen lehrt, Eigenthum des Mannes. Zu den Früchten eines Grundstücks aber · gehören unter anderen die Jagd und der Vogelfang.

§ 32
Ein merkwürdiges Beispiel einer Umarmung.

Es ist der Fall, den ich jetzt meinen Lesern vor-

venationem in fundo alieno prohibitam esse evincit § 12. 1. de Rer. divis.

iam lectorum oculis subiicere lubet. Vasallus Titius, in aula Seji domini directi, officii causa versabatur. Dum post prandium cum uxore domini confabulatur, absente domino, circa Parnassum bicipitem, non Musis, sed Veneri sacratum h. e. circa mamillas sororiantes Cupidinemque undique spirantes, pulicem capit et necat. Dominus per famulos id resciscens, quasi ob cucurbitationem, Titium ex Zelotypia feudo privare volebat, ideoque quaesitum est: cui ius suppetias ferret? Anceps erat quaestio, in qua decidenda tot erant crabrones, quot Iurisconsultorum cerebra. Urgebat Titium, quod lusus cum coniuge domini impudicus lascivaque contrectatio aequalem cum ipsa cucurbitatione seu concubitu mereatur poenam [1], etiamsi consensus uxoris accesserit [2]. Alii tamen consulti, ob pingue honorarium, in contraria omnia ibant atque, prout Iurisconsultorum genus est rixosum, et in iure et in facto domini adsertum negabant fundatum. Dicebant:

1. Pulicem non circa turgidas mamillas, sed circa maxillam aut collum captum esse;

---

[1] Rosenthalus de feud. cap. X. concl. 28. num. 3. seqq.
[2] Schraderus de feud. P. IX. cap. II. num. 19.

legen will, schon durch mehr, als eine Feder besprochen.
Titius lebte als dienſtthuender Lehnsmann am Hofe ſeines
Lehnsherrn Sejus. Während er ſich nun einſt nach der
Tafel in Abweſenheit des Herrn mit deſſen Gattin unter-
hielt, fing er in der Gegend des zweihügligen, nicht den
Muſen, ſondern der Venus geheiligten Parnaß, ich
meine den wogenden und ganz Liebe athmenden Buſen,
einen Floh und tödtete ihn. Der Lehnsherr, dem dies
durch ſeine Dienerſchaft hinterbracht wurde, wollte
aus Eiferſucht den Titius deßhalb und zwar wegen
Cucurbitation aus ſeinem Lehngute jagen, und deßhalb kam man auf die Frage: Welches Recht
ihn hierbei unterſtützen ſollte? Die Frage
war allerdings doppelſeitig, und da gab es denn bei
der Entſcheidung ſo viel Köpfe von Rechtsgelehrten,
als wilde Bienen. Dem Titius ſtand entgegen, daß
er ein unzüchtiges Spiel mit der Ehegattin ſeines
Herrn getrieben und dieſelbe wollüſtig berührt hatte,
und daß deßhalb, da dies doch in gleichem Verhältniſſe mit einer Umarmung oder dem Beiſchlafe ſtehe,
eine Strafe ganz gerechtfertigt erſcheine, ſelbſt wenn
die Frau ganz damit einverſtanden geweſen wäre. Jedoch wurden auch Andere zu Rathe gezogen und dieſe
die gut geſpickt waren, nahmen gerade das Gegentheil
an, indem ſie, wie nun einmal die ganze Sippſchaft
der Rechtsgelehrten ſtreitſüchtig iſt, das Vorgeben des
Lehnsherrn geradezu für rechtlich und factiſch unbe-
gründet erklärten. Sie führten namentlich an:

1. Daß der Floh keineswegs an den ſchwellenden
   Brüſten, ſondern am Kinne oder Halſe gefangen ſei;

5

2. Famulos domini non esse testes omni exceptione maiores;
3. Maleficia distinguere animum;
4. Titium ex impudicitia uxorem non adtrectasse, nec id in dubio praesumi: nihilominus eum ad normam iuris feudalis cum duodecim sacramentalibus desuper iuraturum;
5. Tum etiam aetatis praesumtionem pro eo militare; esse quippe testibus capillis albis octogenario maiorem;
6. Potius eum remunerandum, quam puniendum: defendisse enim uxorem domini contra hostem, ut intestinum, sic eo formidabiliorem, et sic satisfecisse officio probae monetae vasalli, qui dominum suosque contra omnes hostes, exceptis Imperatore ac Papa, defendere cogatur.

Non nostrum inter vos tantas componere lites!

Tutius tamen faciet vasallus, si manus abstinentes servet. Manum de tabula! semper cogitato.

§ 33.
De damno a pulice uxoris dato.

Ob damnum alicui, v. c. màrito, a pulice

2. Daß die Diener des Herrn nicht als vollkommen einwandsfreie Zeugen anzusehen seien;

3. Daß die Strafbarkeit auf der Absicht beruhe;

4. Daß Titius die Frau nicht in wollüstiger Begierde berührt habe, und dies auch bei obwaltendem Zweifel um deßhalb nicht anzunehmen sei, weil er dies noch überdieß, wie es das Lehnrecht vorschreibt, mit einem zwölffachen Eide beschwören wolle;

5. Daß auch mit Rücksicht auf sein Alter die Vermuthung für ihn streite; sein weißes Haupt liefere ja den Beweis, daß er über 80 Jahr alt sei;

6. Daß er eher Belohnung, als Bestrafung verdiene: denn er habe die Gattin seines Lehnsherrn von einem Feinde befreit, der, je weniger er von Aller Augen gesehen werden könne, um so furchtbarer sei; er habe auf diese Weise den Pflichten eines treuen Lehnsmannes, der seinen Herrn gegen alle Feinde, sie seien nicht etwa der Kaiser oder der Pabst, schützen müsse, vollkommen genügt.

Aber wir sind nicht befugt, so mächtige Zwiste zu schlichten!

Jedenfalls wird jedoch der Lehnsmann der Vorsicht gemäßer handeln, wenn er reine Hand hält. Darum soll man immer bedenken: Nichts angefaßt!

§ 33.

Wenn einer Frau Floh Schaden anrichtet.

Die Frau ist allerdings dafür verantwortlich, wenn

uxoris datum, uxor omnino tenetur. Si enim culpa
uxoris maritus famelicae nationis morsibus lace-
ratur, actio legis Aquiliae utis parata est[1]); sin
dolo fiat, agitur ad exhibendum[2]), scilicet san-
guinem; quem quia uxor reddere nequit, iuratur
contra eam in litem[3]). Deficiente vero et dolo et
culpa, datur actio de pastu, ut aestimationem vel
pulicem ipsum det uxor[4])

§ 34.
An morte puniri queat pulex?

Reformidantibus nunc humeris Marpesiae
cautis molem colossicam intueor! Aqua mihi
haeret in re ex fonte Ammonis petenda! Quaestio scilicet de simplici et plano non tractanda
tot insidiosis laqueis involuta est, ut brevis sim,

---

[1]) L. ult. C. Ad. leg. Aquil.
[2]) L. 9. § 1. D. Ad exhib. Cf. Struvius Synt. iur.
civ. Ex. XIV. thes. 3.
[3]) § 3. I. de Offic. iud. L. 3. § 2. et L. 5. § 2. D. de
in lit. iur. L. 5. C. Ad exhib.
[4]) L. 14. § ult. D. de Praescr. verb. et in fact. act.

einer ihrer Flöhe bei Jemandem, z. B. ihrem Ehemanne, widerrechtlich Schaden anrichtet. Denn wenn der Ehemann aus einem Versehen der Frau von diesem Hungerleidergeschlechte gestochen wird, so hat er die in diesem Falle zustehende Klage (actio utilis) des Aquilischen Gesetzes [1]); handelte aber die Frau dabei in böslicher Absicht, dann klagt der Mann auf Vorzeigung, nämlich des Blutes; weil nun aber die Frau dies unmöglich wird bewerkstelligen können, so wird der Mann zum Nachtheil der Frau zum Würderungseide verstattet. Liegt aber weder ein Versehen, noch eine bösliche Absicht vor, so hat der Mann eine Klage wegen widerrechtlichen Viehweidens [2]), und diese geht darauf, daß die Frau den abgeschätzten Werth erlegen, oder den Floh selbst herausgeben muß.

§ 34.
Ob ein Floh mit dem Tode bestraft werden könne?

Furcht und Zittern ergreift mich beim Anblick dieser gewaltigen Riesen-Arbeit! Es stockt das Wasser mir, daß ich für diesen Fall aus Ammons Quelle schöpfen muß! Denn wahrlich! nicht so leicht und ohne jede Schwierigkeit wird die Erörterung einer Frage erfolgen können, bei der so viele Fallstricke ränkevoll

---

[1]) Diese Klage steht jedem Andern, als dem Eigenthümer wegen widerrechtlicher Schadenszufügung, zu, wenn der Schaden ohne unmittelbare körperliche Einwirkung mittelbar aus einer Handlung folgt.

[2]) Diese Klage geht auf Schadenersatz und steht Jemandem zu gegen denjenigen, welcher absichtlich das Vieh auf fremden Grund und Boden zum Abweiden und Wegfressen hintreibt.

sanctione legislatoria egens, nunc sese exhibet: an pulex poena capitali ob morsum possit adfici? Ac primum quidem sciendum est, ipsam lacsam mulierem esse non posse iudicem delicti. Nemo enim in sua causa ius dicere potest [1]), nisi ubi cessat iudicium ad tempus aliquod aut continuo [2]); praesertim vero iratus omni poena abstinere debet [3]). Putem, laesae puellae licere pulicem levius castigare, ita ut v. c. eum poena carceris adficere, digitis eum vexare, tundere ac terere possit, quatenus id absque corporis ac vitae periculo fiat. Quod quidem inde mihi videor recte concludere, quoniam domino licet, servum sine saevitia castigare, adprehendere, in vincula vel pistinum dare [4]); item ad tempus relegare [5]). Sic et mulier seu uxor pulicem fugientem propria auctoritate potest capere [6]). Ast statuimus, plane iniustum esse, ut pulex necetur; non quo cum Stoicis credamus, paria esse delicta,

---

[1]) tot. tit. C. Ne quis in sua causa ius dic. L. 10. D. de Iurisdict. cf. Gailius Observatt. Lib. I. obs. 30.

[2]) Grotius de iure bell. et pac. Lib. I. cap. 3. num. 2.

[3]) Seneca de ira Lib. III. cap. 12. Nihil tibi liceat, dum irasceris. Quare? — quia vis omnia licere.

[4]) Struvius Synt. iur. civ. Ex. III. thes 31. Grotius l. c. Lib. III. cap. 14.

[5]) L. 35. § 3. D. de Hered. institut.

[6]) Bonacossus de famul. quaest. 234.

im Hintergrunde liegen, und die, um es geradezu heraus zu sagen, auf kein Gesetz gestützt, sich dahin herausstellt: Ob ein Floh, wenn er Jemand gestochen hat, mit der Todesstrafe belegt werden könne? Dabei muß man denn nun zuvörderst bedenken, daß ein gestochenes Frauenzimmer selbst über das Verbrechen nicht richten könne. Denn Niemand kann, außer wenn ein zeitiger oder fortwährender Gerichtsstillstand (iustitium) eingetreten ist, Richter in seiner eigenen Sache sein; vor Allem aber soll man sich im gereizten Zustande jeglicher Bestrafung enthalten [1]). Aber ein gelindes Züchtigungsrecht, sollt' ich doch denken, dürfte einem gestochenen Mädchen gegen den Floh zustehen, so daß es ihnen unter andern, so weit dies ohne Leibes= und Lebensgefahr möglich ist, einsperren, ihn zwischen den Fingern peinigen, drücken und reiben könne. Und dieser Schluß scheint mir um so wichtiger, als es dem Herrn frei steht, seinen Sclaven, ohne dabei jedoch Grausamkeit anzuwenden, zu züchtigen, ihn zu fassen und in das Gefängniß, oder in die Stampfmühle zu schicken, ingleichen auch ihn eine Zeitlang zu verbannen. Eben so kann auch ein Frauenzimmer, oder eine Ehefrau einen flüchtig gewordenen Floh auf ihre eigene Gefahr hin wieder einfangen. Aber einen Floh zu tödten ist, unserer Meinung nach, gegen alles Recht; nicht als ob wir mit den Stoikern glauben, keinen

---

[1]) Seneca: Im gereizten Zustande soll Dir nichts frei stehen; Warum? — Weil Du verlangst, daß Dir Alles frei stehe.

si quis patrem suum et si quis gallum gallinaceum occidat, sed

1. Quia pulex, utpote ex fame peccans, mitiori quadam poena corporis adflictiva adficiendus est [1]); et

2. Nulla est proportio inter poenam et delictum. inter sanguinis guttulam et mortem.

Tu morsu me laedis, egoque tibi infero mortem. Est tua culpa levis, non nego. poena gravis.

3. Nusquam in iure, nec divino nec humano, pulici poena capitalis dictata est. Quod vero ius non cantat, nec nos cantare debemus. Accedit

4. Quod in dubio benignior sententia sit sequenda, quemadmodum eleganter traditur in iure romano [2]). Etiamsi igitur capitalis poena legeretur statuta, id tamen de ultimo supplicio intelligi non deberet: poena enim capitalis, simpliciter posita, non de ultimo supplicio, sed de mitiori poena, velut de deportatione, est accipienda [3]). Denique

5. Pulex est caro et sanguis mulieris, est

---

[1]) C. C. C. art. 166. Cf. Taborus Racem. crim. III. ad tit. C. de furt. num. 36. Carpzovius Prax. crim. P. II. quaest. 83. num. 43. seqq.

[2]) L. 11. D. de poen.

Unterſchied unter den Verbrechen machen zu dürfen, ob Jemand ſeinen Vater oder einen Hahn tödtet; ſondern

1. Weil ein Floh ja doch nur aus Hunger ein Verbrechen begeht, und deßhalb nur mit einer gelinden Leibesſtrafe belegt werden kann; und

2. Kein Verhältniß ſtatt findet zwiſchen Strafe und Verbrechen, zwiſchen einem Töpfchen Blut und dem Tode.

Stechend verwundeſt du mich, doch gebe dafür ich den Tod dir,
Leicht iſt die Schuld, ich geſteh's, ſchwer die Beſtrafung dafür.

3. In keinem Rechte, weder in dem göttlichen, noch in dem menſchlichen, iſt feſtgeſetzt, daß ein Floh am Leben geſtraft werden ſoll. Worüber aber das Geſetz ſchweigt, darüber ſollen auch wir ſchweigen. Dazu kommt noch,

4. Daß man, wie dies ganz ſcharfſinnig im römiſchen Rechte aus einander geſetzt wird, in zweifelhaften Fällen der mildernden Anſicht folgen ſolle. Man dürfe daher auch, wenn man Lebensſtrafe feſtgeſetzt fände, darunter keinesweges die Todesſtrafe verſtehen; denn wenn ganz einfach Lebensſtrafe daſteht, ſo iſt dabei nicht gleich an Todesſtrafe, ſondern an eine weit weniger harte Strafe, wie z. B. an Verbannung, zu denken. Und endlich

5. Iſt der Floh Fleiſch und Blut eines Frauenzimmers, und daher gewiſſermaßen ein Theil deſſelben.

---

¹) Beustius ad L. 31. D. De Iureiur. p. 736. post Iasonem et Imolam.

quasi membrum eiusdem; at nemo est dominus membrorum suorum.

Quamvis autem haec opinio in puncto iuris
sit verissima, praxis tamen aliter servat, et gene-
rali fere totius mundi consuetudine miseri pulices,
in flagranti crimine deprehensi, sine strepitu pro-
cessus, inauditi ac indefensi, brevi manu ab ipsis
laesis Phalaridea tyrannide trucidantur, adeo, ut
mense Augusto quaedam puella sex millia pulicum uno die occiderit. Et certavit in hoc puli-
cidio cum crudelitate nequitia; per iocum enim
puella agonizantibus accinuit:

Parcarum dies, et vis inimica propinquat.

Multum quidem, fateor, licet viventibus iis; amoe-
nissima tenent vireta, ipsumque Veneris montem
adscendere Cupidinisque antrum nemorosum in-
gredi iis licet: sed fati crudelitas prohibet.
quo minus felices dicantur. Mutato nomine
non male de iis narretur, quod ait SENECA [1]):
Neminem eo fortuna provexit, ut non
tantum illi minaretur, quantum permi-
serat: noli huic tranquillitati confidere,

---

[1]) Seneca Epp. num. 4.

Niemand aber hat das Recht eigenmächtig über seine Gliedmaßen zu verfügen.

„Wie wohl nun nach rechtlichen Begriffen diese Ansicht nicht bestritten werden kann, so hat sich doch im gemeinen Leben ein anderer Brauch erhalten; denn, wie fast auf der ganzen Erde es allgemein geschieht, so werden die unglücklichen Flöhe, wenn sie über der That ertappt werden, ohne daß von einem gericht= lichen Verfahren die Rede ist, ungehört und unverthei= digt, kurzweg von den Gestochenen selbst mit der Grau= samkeit eines Phalaris hingemordet, so daß sogar einmal ein Mädchen im Monate August an einem Tage sechs= tausend Flöhe todt machte. Und noch obendrein traten bei diesem Flohmorde Grausamkeit und Schaden= freude mit einander in Wettkampf, denn spottend sang das Mädchen den Widerkämpfenden zu;

Nahe schon ist dir die feindliche Macht und die Stunde der Parzen.

Zwar, ich leugne es nicht, haben jene (Flöhe) bei ihren Lebzeiten große Freiheit; zu ihrem Aufenthalte dient das anmuthigste Buschwerk, und selbst den Venusberg dürfen sie besteigen und in Cupido's waldumkränzte Höhle schlüpfen: aber das grausame Geschick verbietet, sie glücklich zu preisen. Man kann auf sie nicht un= passend, wenn man den Namen verändert, Seneca's Worte anwenden: Das Schicksal zeichnet Nie= mand so sehr aus, daß es sich ihm in eben dem Maaße, wie Vortheil bringend, nicht auch Unheil drohend zeigen sollte: aber hüte dich solcher scheinbaren Ruhe sorglos zu ver=

momento mare evertitur, eodem die, ubi
luserunt navigia, sorbentur. Pertinet huc
epitaphium, quod pulici, a virgine quadam necato,
cudimus:

> Felicem me terra tegit, mihi namque licebat,
> Aeneae Vates quod licuisse canunt.
> Elysius patuit campus: felicior alter
> Exiit ille; mihi res fuit exitii.

Quemadmodum vero, ut omne ulcus medicum,
ita omnis causa patronum invenit: sic non desunt
argumenta et colores, quibus speciem sibi ementiri
cupit pulicidium. Huc pertinet:

1. Quod in toto mundo viridis sit observantiae.
   Consuetudo autem est species iuris[1], et vel
   in illicitis excusat[2].
2. Quod is, qui cum telo ambulat, necari soleat
   ex lege Cornelia[3], at pulices semper telis
   armatos ambulare.
3. Quod latro publicus et nocturnus populator,
   ut pulex, etiam nil damni dans, impune a
   quovis possit occidi[4].
4. Quod quilibet rerum suarum sit moderator
   et arbiter, etiam ad abusum[5].

---

[1] § 9. I. de Iur. nat. gent. et civ.

[2] Arg. Cap. 32. quaest. 4.

[3] § 5. I. de Publ. iud.

[4] L. 4. C. Ad leg. Corn. de sicar. L. 1. et L. 2. C.
Quando lic. unic. sine iud. Struvius de vindicta privat.
cap. III. aph. 5. et 6.

trauen; denn jeden Augenblick wandelt sich
das Meer, und an demselben Tage, wo die
Schiffe lustig schaukeln, versinken sie. Hier=
her bezüglich ist auch die Grabschrift, welche wir auf
den von einer Jungfrau getödteten Floh gemacht haben:

Unter dem Rasen nun lieg' ich, der Glückliche dem es erlaubt war,
Was nach der Dichter Gesang einst dem Äneas erlaubt.
Auf sich uns thut Elysiums Flur; doch glücklicher jener,
Denn er kehrte zurück; mir fiel des Todes Geschick.

Wie nun aber ein jedes Geschwür seinen Arzt und
jede Streitsache ihren Vertheidiger findet, eben so man=
gelt es auch nicht an Beweisen und Entschuldigungen,
wodurch der Flohmord sich einen Schein des Rechts
zu geben sucht. Hierher ist zu rechnen:

1. Weil er in der ganzen Welt auf einem noch nicht
veralteten Brauch beruhe. Herkommen sei aber
auch ein Theil des Rechtes und entschuldige selbst
bei unerlaubten Handlungen.

2. Weil derjenige, welcher einen Dolch bei sich führt,
den Bestimmungen des Cornelischen Gesetzes zu=
folge, den Tod erleiden soll; die Flöhe aber be=
ständig mit Dolchen bewaffnet umherliefen.

3. Weil ein so gemeiner Räuber und nächtlicher
Plünderer, wie das ein Floh sei, selbst wenn er
keinen Schaden angerichtet hätte, ungestraft von
Jedem getödtet werden könne.

4. Weil Jeder mit seinem Eigenthume, selbst miß=
brauchsweise, schalten und walten könne.

---

⁵) L. 21. C. Mand.

5. Quod, crescentibus delictis pulicum et poena crescere debeat [1]).

Verum enimvero hae rationes tanti momenti non sunt, ut nos a priori opinione abstrahere valeant. Nam quoad primam, non videndum quid Romae fiat, sed quid fieri debeat [2]). Non exemplis, sed legibus est iudicandum. Nec ecclesiae credimus, quia cana, sed quia sana. Tritissima, ait SENECA [3]), quaeque via et celeberrima maxime decipit. Nihil ergo magis praestandum est, quam ne pecorum ritu sequamur antecedentium gregem, pergentes, non qua eundum est, sed qua itur. Consuetudo debet esse rationabilis [4]). Oppositus ex iure canonico textus loquitur de iis, quae mero iure positivo illicita sunt, et de delictis levioribus [5]): delicta atrociora, licet ab omnibus gentibus committantur, veniam non merentur [6]).

Secundum et tertium adversariorum argumentum una fidelia dealbabimus, respondentes, pulicem vitae hominum plane non insi-

---

[1]) L. 16. in fin. et L. 28. D. de Poen. L. 1. D. de Abig.
[2]) L. 12. D. de Offic. praes.
[3]) Seneca de vita beata. § 1.
[4]) § 39. D. de Reg. iur. L. 2. C. Quae sit longa consuet.
[5]) Schotanus Exam. P. I. p. m. 127.
[6]) Quod ait Augustinus iuxta C. 32. quaest. 7.

5. Weil bei den zunehmenden Verbrechen der Flöhe auch die Strafen gesteigert werden müßten.

Allein diese Gründe sind keineswegs so gewichtig, daß sie vermöchten uns von der oben aufgestellten Ansicht abzubringen. Denn was den ersten Punkt anbetrifft, so handelt es sich nicht darum, wie es in Rom zugeht, sondern wie es überhaupt zugehen darf. Und um dies zu beurtheilen, muß man nicht auf Thatsachen, sondern auf die Gesetze sehen. Wir glauben ja auch nicht deßhalb an die Kirche, weil sie alt ist, sondern weil sie Vernunftgründe hat. In dieser Hinsicht sagt Seneca: Oft täuscht der gebahnteste und besuchteste Weg am meisten. Daher muß man vorzüglich darauf sehen, daß man nicht nach Art des Viehes der Vorläufer Heerde folge und, statt zu gehen, wo gegangen werden soll, da gehe, wo die Andern gehen. Das Herkommen muß vernunftgemäß sein. Auch redet die für die entgegengesetzte Ansicht aus dem canonischen Rechte angezogene Stelle nur von dem, was allein nach positivem Rechte unerlaubt ist, so wie von geringern Vergehen; schwerere Verbrechen, selbst wenn sie bei allen Völkern vorkämen, dürften wohl keine Nachsicht verdienen.

Anlangend den zweiten und dritten der gegentheiligen Beweisgründe, so wollen wir gleich zwei Fliegen mit einer Klappe schlagen, indem wir darauf entgegnen, daß der Floh es keineswegs auf das Leben

diari, sed potius puellas ita amare, ut eas avida cupidine ductus absorbere velit. Tum etiam leve est damnum, quod pulex dat; minima autem non curat Praetor.

Quartum telum septemplici velut Turni clypeo avertetur, si dicamus, textum iuris romani excitatum [1]) non loqui de abusu [2]), ac intelligendum esse de rebus inanimatis, minime de animatis, de quibus in Sacra Scriptura [3]) dicitur: Iustus miseretur pecoris sui; sed cor impiorum est crudele. Denique sciendum etiam, leges moderari illud urbitrium [4]).

Ultimum argumentum quadrat tantummodo ad animalia rationalia, nec praecise evincit, pulices esse necandos. Ac profecto in dubium vocari posset magnopere, an pulex, quaerens alimenta, aliquid tanta exasperatione dignum committat. Certe de vento nemo vivit [5]).

§ 35.

Pulex delictum reiterans.

Quid, si pulex semel dimissus ite-

---

[1]) L. 21. C Mand.

[2]) Vid. tamen Menochius de praesumtt. Lib. IV. cap. 83. num. 6 et 9.

[3]) Proverb. Salomon XII. vers. 10.

[4]) § ult. I. D. de his, qui vel. al iur. sunt.

des Menschen abgesehen, sondern vielmehr die Mädchen
so lieb habe, daß er aus lauter Liebesdrang sie ganz ver=
schlingen möchte. Und dann ist doch auch der Schaden,
den ein Floh anrichtet, nur ganz gering; um solche
Kleinigkeiten aber kümmert sich der Prätor nicht.

Den vierten Pfeil wollen wir uns gleichsam
mit dem siebenfachen Schild des Turnus abwehren,
indem wir erklären, daß die beregte Stelle des römi=
schen Rechtes nichts über den Mißbrauch enthält, auch
nicht von lebenden, sondern von leblosen Sachen ver=
standen werden muß; hinsichtlich der erstern aber sagt
die heilige Schrift: Der Gerechte erbarmt sich
seines Viehes, aber das Herz des Gottlosen
ist voll Grausamkeit. Ueberdies ist auch noch zu
bedenken, daß das erwähnte willkührliche Schalten und
Walten durch die Gesetze Einschränkungen erleidet.

Der letzte Beweisgrund paßt nur auf vernünf=
tige Wesen und giebt überdies gar nicht den genügen=
den Beweis, daß die Flöhe getödtet werden dürfen.
Und gewiß bleibt es sehr dem Zweifel unterworfen,
ob ein Floh, wenn er seiner Nahrung nachgeht, zu einer
solchen Erbitterung Veranlassung giebt. Denn wahrlich,
vom Winde lebt doch Niemand!

§ 35.

Wenn ein Floh das Verbrechen wiederholt.

Wie verhält es sich dann, wenn der einmal
seiner Haft entlassene Floh abermals einge=

---

5) L. ult. C. de Aliment. pup. praest.

rum capiatur? Quum repetitio delictum ad-
gravet [1]), omnino gravius est puniendus nebulo,
adeo ut utraque manus ei sit amputanda. Sic et
poena exasperanda, si animalculum in conspectum honestorum virorum prorepat, - ansamque
vexandi adfligendique puellam det [2]). Quae omnia discretus iudex pro sua dexteritate aestimabit.

[1]) L. 28. § 3. D. de Poen. C. C. C. Art. 157. seqq.

[2]) Arg. § 5. I. de Iniur. Vel in foro, vel in conspectu
praetoris.

§ 36.
Pulici defensio non deneganda.

Dubitare quis posset: an pulici advocatus permitti debeat? Illi, qui ex pulice
camelum faciunt, h. e. pulicem atrocis delicti
reum credunt, haud dubie id negabunt, parastata
PARIDE DE PUTEO [3]), qui contendit, iudicem in-
signibus furibus et latronibus publicis non debere
concedere advocatum. Nos vero, quum delictum
pulicis aequa lance ponderemus, et tantum, quantum fingitur, non credamus, omnino ei advocatum
dandum censemus; nam reo, praesertim criminis

[3]) Paris de Puteo Tr. de Syndic. rubr. de Advocat.
exc. num. 13.

fangen wird? Da die Wiederholung eines Ver=
brechens auch erschwerende Umstände für dasselbe her=
beiführt, so muß allerdings die Strafe für den Tauge=
nichts geschärft werden, so daß ihm selbst beide Hände
abgehauen werden können. Auf gleiche Weise tritt
dann auch eine Verschärfung der Strafe ein, wenn eins
jener Thierchen in Gegenwart ehrbarer Männer hervor=
gesprungen kommt und so Veranlassung wird, das
Mädchen zu necken und zu betrüben ¹). Dieß alles wird
der besonnene Richter einsichtsvoll erwägen.

§ 36.
Dem Flohe darf das Recht der Vertheidigung nicht versagt werden.

Es könnte auch Jemand darüber ein Bedenken
tragen: Ob dem Floh ein Rechtsbeistand zuge=
ordnet werden dürfe? Diejenigen, welche einen
Floh für ein Kameel, daß heißt, die den Floh für
einen schweren Verbrecher halten, werden ihm gewiß
das Recht hierzu absprechen, sich stützend auf Paris
von Puteum, nach dessen Meinung der Richter be=
rüchtigten Dieben und Straßenräubern keinen Rechts=
beistand zuordnen dürfe. Jedoch sind wir, die wir
das Vergehen eines Flohes mit der Wage der Bil=
ligkeit wägen und nicht allen Erzählungen unbedingt
Glauben schenken, der Ansicht, daß man ihm aller=
dings einen Rechtsbeistand geben müsse. Denn jedem,

---

¹) Sei es nun auf öffentlichem Markte, oder im Angesich
des Prätors.

capitalis reo, vel maxime advocatus datur, etiamsi nolit. Quid. quod CARPZOVIUS [1]) ait, defensionem ne bestiis quidem denegandam esse. Respexit sine dubio vir doctissimus ad pulices, quum bestiae sint, vel saltem bestiolae.

[1]) Carpzovius Praxis crim. P. III. quaest. 115. iuncta quaest. 105. num. 23.

§ 37.
Poenae capitalis determinatio.

Stante communi praxi, quod pulex, deprehensus in ipso facto, statim possit occidi, quaeritur: an ille alio modo, quam ungue impresso, possit puniri? v. c. vivicomburio, mersione in matulam, vel transfixione per acum. Et magis est. quod non, quum in poenis capitalibus a solita poena ne unguem quidem latum sit abeundum, iuxta elegantem iuris romani textum [2]).

[2]) L. 8. § 1. D. de Poen. ad quam cf. Brunnemannus num. 1. Religiosissimi ea in re fuere Massilienses, de quibus Valerius Maximus Factt. dictorumq. memorabb. Lib. II. cap. 6. scribit: A condita urbe gladius est ibi, quo noxii iugulantur, rubigine quidem exesus, et vix sufficiens ministerio sed index, in minimis quoque rebus omnia antiquae consuetudinis monumenta servanda.

zumal dem, der eines mit der Todesstrafe bedroheten Verbrechens angeklagt ist, soll, selbst seines Widerspruchs ungeachtet, ein rechtlicher Sachwalter beigeordnet werden. Ja nach Carpzovs Lehre ist das Recht, sich vertheidigen zu lassen, nicht einmal den Thieren abzusprechen. Ohne Zweifel nahm jener grundgelehrte Mann hierbei Rücksicht auf die Flöhe, da sie ja doch auch zu den Thieren, oder doch mindestens zu den Thierchen gehören.

§ 37.
Art und Weise der Todesstrafe.

Die gewöhnliche Annahme im gemeinen Leben, wornach ein Floh, wenn er über der That ergriffen wird, sogleich auch getödtet werden könne, hat zu der Frage Veranlassung gegeben: Ob derselbe auch auf andere Weise, als mit den Nägeln bestraft werden könne? so daß man ihn z. B. lebendig verbrennen, im Nachtgeschirre ersäufen, oder mit der Nadel aufspießen dürfe. Der richtigen Auslegung des römischen Rechtes zufolge ist mehr Grund für das Gegentheil, da nach demselben bei Todesstrafen nicht einen Finger breit von der gewöhnlichen Art und Weise der Vollstreckung abgewichen werden soll [1]).

---

[1]) Am gewissenhaftesten handelten in solchem Falle die Massilienser, von denen Valerius Maximus im 6. Capitel des 2. Buches seiner „berühmten Thaten und Reden" erzählt: Von Erbauung der Stadt her befindet sich in dieser noch ein Schwert, womit die Missethäter hingerichtet werden, das, wenn gleich vom Roste zerfressen und

§ 38.

Quaestio iuris canonici.

Vetula quaedam mulier rugosa, capillis et dentibus carens, ast pulicibus maxime abundans, rogabat me aliquando: an in templo pulicem occidere licitum sit? Quam iuris canonici quaestionem procul dubio adfirmabit Agesilaus, qui inter sacrificandum tale animal repertum neci dabat, dicens: Insidiator vel in ipsa ara occidendus. Sed verior est negativa opinio

1. Ex iure divino, quia pulicem necando distrahuntur cogitationes a sacris;

2. Ex iure gentium, quia templum est locus sacer, sanguine non contaminandus;

3. Ex iure civili, quocum ius divinum et gentium amice conspirat, quia pulex in templo saltem asyli iure fruetur.

Facit huc quoque, quod rixantes in templo graviter puniantur, praesertim si a verbis ad verbera deventum [1]).

---

[1]) Carpzovius Iurisprud. consistor. Lib. III. def. **96** et 97.

§ 38.

Eine Frage aus dem Kirchenrechte.

Eine runzelige Alte, die weder Haare noch Zähne mehr, aber eine gewaltige Menge Flöhe hatte, fragte mich einst: Ob man wohl in der Kirche einen Floh tödten dürfe? Diese kirchenrechtliche Frage wird sicherlich von dem Agesilaus bejaht werden, der einmal ein solches Thier, welches er während des Opferns fing, mit den Worten zu tödten befahl: Der hinterlistige Feind darf selbst am Altare ermordet werden. Indeß muß doch richtiger die Frage verneint werden

1. Nach dem göttlichen Rechte, weil durch den Mord des Flohes die Gedanken von dem Gottesdienste abgezogen werden;

2. Nach dem Völkerrecht, weil die Kirche eine geweihte Stätte ist und nicht durch Blut verunreinigt werden darf;

3. Nach dem bürgerlichen Rechte, und mit diesem stimmt das göttliche und Völkerrecht ganz überein, weil ein Floh sich wenigstens in der Kirche einer Freistatt erfreuen dürfe.

Hierzu kommt noch, daß jeder in der Kirche vorgefallene Streit hart bestraft wird, zumal dann, wenn es von Worten zum Morden gekommen ist.

---

kaum mehr brauchbar, doch ein sicheres Zeichen ist, wie man selbst in den geringfügigsten Dingen alle Ueberbleibsel des alten Herkommens ehren müsse.

§ 39.

De puribus pulicibus uno actu captis.

Quod si plures pulices uno actu ceperit femina: an omnes ad generum Cereris sunt
mittendi? Crudele hoc certe est, et recte
CICERO pro Cluentio ait: statuerant maiores
nostri, ut, si a multis flagitium rei mili-
taris admissum, sortitione in quosdam
animadverteretur, ut videlicet metus ad
omnes, poena ad paucos perveniret. Sic
quoque SENECA [1]) refert: severitas Impera-
toris distringitur, ac necessaria venia
est, ubi totus deseruit exercitus. Dicto
ergo casu aut sortitioni erit locus, aut casus erit
pro amico, cui velis gratificari. Pinguior tamen,
ob praesumtionem consuetudinis, erit mactan-
dus [2]).

[1]) Seneca de ira Lib. II. cap. 11.
[2]) Arg. L. 3. § 12. L. 5. pr. et § 6. D. de Milit.

§ 40.

Actiones puliceae.

Iuvenis ex lascivia pulicem captum puellae
manibus excusserat: quanam actione erat
conveniendus? Constat ex latifundiis iuridi-

§ 39.
Wenn mit einem Male mehrere Flöhe gefangen werden.

Wenn nun eine Frau mit einem Male mehrere Flöhe gefangen hat: Dürfen diese alle dem Schwiegersohne der Ceres zugesandt werden? Das wäre doch wahrlich grausam! Ganz richtig sagt Cicero in der Rede für den Cluentius: Nach den Verordnungen unserer Altvordern sollte, wenn beim Kriegswesen von Vielen ein Verbrechen begangen worden war, nur gegen Einige, wie sie das Loos bestimmen würde, strafend verfahren werden, so daß zwar Alle in Furcht leben sollten, jedoch nur Wenige bestraft würden. Ebenso bemerkt auch Seneca: Wo das ganze Heer zu Ausreißern geworden ist, da mildert sich die Strenge des Feldherrn und Verzeihung wird nothwendig. In dem vorliegenden Falle wird also das Loos entscheiden, oder man wird aus Freundschaft handeln müssen für den, welchem man zu Gunsten leben will. Doch dürfte der Feisteste, da er die Vermuthung der täglichen Gewohnheit gegen sich hat, jedenfalls todt zu machen sein.

§ 40.
Auf Flöhe bezügliche Klagen.

Ein junger Mann hatte aus Muthwillen einem Mädchen einen von ihr gefangenen Floh aus der Hand geschlagen: Mit welcher Klage mußte er belangt werden? In dem weiten Gebiete der

cis, eum actione in factum teneri; prout ille tenetur, qui misericordia ductus alienum servum
solvit, ut fugeret [1]). Si tamen pulicem ad iudicem
deducendum quis exemerit, eum ex edicto praetoris, ne quis eum, qui in ius vocabitur, vi exi-
mat, interdum et ex lege Iulia maiestatis conve-
niendum quis putare posset. Latius hac de re
THOMINGIUS [2]) disputavit, quocum HAHNIUM [3])
et WISSENBACHIUM [4]) comparare operae pre-
tium erit.

§ 41.

Vulnus a pulice illatum dubium.

Quid, si iudex de vulnere, per pulicem accusatum puellae dato, dubitet?
Quum de occultis nec Paulus Apostolus nec
Paulus Iurisconsultus iudicare possit aut debeat,
puellae vero, in propria causa, in necem tertii cre-
dere, res pessimi sit exempli, omnino ex titulo

---

[1]) § ult. in fin. I. de Leg. Aquil.

[2]) Thomingius Deciss. num. 15.

[3]) Hahnius ad Wesenbec. tit. Ne puis eum, qui in
ius voc. num. 5.

[4]) Wissenbachius P. II. disp. 34. thes. 1.

Rechtswissenschaft findet sich, daß er mit der Klage wegen entzogener Sache [1]) zu seiner Verbindlichkeit angehalten wird; gleichwie der verhaftet ist, der aus Mitleid einen fremden Sclaven von seinen Fesseln befreit und ihm auf diese Weise zur Flucht behülflich ist. Wenn jedoch Jemand einen Floh, der vor den Richter gestellt werden soll, heimlich über die Seite schafft, so könnte man wohl nicht ohne Grund behaupten, daß ein solcher nach dem prätorischen Edicte: „Daß Niemand den, welcher vor Gericht gefordert wird, mit Gewalt vorenthalte," zuweilen auch nach dem Julischen Majestätsgesetze belangt werden müsse. Weitläufiger hat diesen Gegenstand Thomingius besprochen, mit welchem Hahn und Wissenbach zu vergleichen, sich wohl der Mühe lohnen wird.

§ 41.
Zweifel über die von einem Flohe beigebrachte Wunde.

Wie dann: Wenn bei dem Richter ein Bedenken hinsichtlich der Wunde entsteht, welche der angeschuldigte Floh dem Mädchen beigebracht hat? Da über das, was im Verborgenen liegt, weder der Apostel Paulus, noch der Rechtslehrer Paulus urtheilen können und dürfen, dem Mädchen aber in ihrer eigenen Sache, zum Tod bringenden Nachtheil eines Dritten, unbedingten Glauben zu schenken,

---

[1]) Diese Klage findet statt, wo eine Sache ohne beschädigt oder zerstört zu werden, entzogen wird, und steht jedem Andern, nur nicht dem Eigenthümer zu.

Pandectarum de Ventre inspiciendo erit agendum. Atque ad eam rem Notarius cum testiculis (volebam dicere testibus) erit ablegandus. Quodsi ille forte amore puellae fallat iudicem in quantitate ac qualitate vulneris, actione utili ex edicto Si mensor falsum modum dixerit tenebitur [1]).

§ 42.
De mediis fugandi pulices.

Pulices iuxta Nasonem sunt amara lues inimica puellis. In foro conscientiae igitur quaeri possit: an ad eos fugandos liceat adhibere amuleta? Si superstitiosa non sint, omnino iis uti licet; quemadmodum enim medicamenta, v. c. pulegium, adhiberi possunt, ita dubium non est, quin eiusmodi amuleta recte adhibeantur. Neque tamen forte quisquam a nobis catalogum eiusmodi amuletorum exspectaverit; libenter fatemur ignorantiam nostram in re, in qua docta est ignorantia; qui talia scire cupit, adeat

---

[1]) L. 3. § 4. L. 5. § ult. L. 6. et L. ult. D. Si mens. fals. mod. dix. Hahnius I. I. num. 4.

nichtswürdig handeln hieße; so ist hierbei allerdings nur nach dem Titel der Pandecten: Ueber Leibes-besichtigung, zu verfahren; zu welchem Acte alsdann ein Notar mit zeugungsfähigen (ich wollte sagen zeugnißfähigen) Männern zugezogen werden muß. Hintergeht dieser aber, vielleicht dem Mädchen zu Liebe, den Richter hinsichtlich der Größe und Beschaffenheit der Wunde, so kann gegen ihn die jedem Dritten zuste-hende Klage nach dem Edicte! Wenn der sachver-ständige Ausmesser das Maaß falsch angegeben hat, anhängig gemacht werden.

§ 42.
Ueber die Mittel zur Vertreibung der Flöhe.

Die Flöhe sind nach Naso's Ausspruch: für die Mädchen eine widrige und bösartige Krank-heit. Es könnte daher vor dem Forum der bessern Einsicht die Frage zur Sprache kommen: Ob man zur Vertreibung der Flöhe sich der Amulete bedienen dürfe? Es muß dieß allerdings zugestanden werden, wenn dabei nicht Aberglaube zu Grunde liegt; denn gleichwie auch Heilmittel, z. B. Flohkraut, angewendet werden können, eben so unterliegt es kei-nem Bedenken, daß man sich dergleichen Amulete mit Recht bedienen dürfe. Doch erwarte Niemand von uns eine Aufzählung solcher Amulete; denn in einer solchen Sache, wo unwissend sein nur gelehrt sein heißt, wollen wir gern unsere Unwissenheit bekennen; wer aber darüber nähern Aufschluß zu haben wünscht, der befrage die Mädchen, welche davon die beste

puellas, quum his notissima sint. Id tantum monebimus, quod celeberrimus SCALIGERUS[1] tradit: quaelibet fumo abigi animalia, si comburantur quaedam sui generis. Excantamentis pulices abigere non licere, ex iuris romani fragmentis sat luculenter adparet[2]). An vero amuletis licitis et illa sint adnumeranda, ubi bestiolae pungentes in vicini aedes fugantur, quaestionis est non satis expeditae. Videtur, argumentis legum romanorum[3]) litem esse dividendam. Considerandum est, quemque sibi proximum esse; atque sibi imputet vicinus, si non similia adhibeat ad pulices depellendos.

[1]) Scaligerus Lib. XV. Ex. 303. num. 4.

§ 43.
De remedio pontificio exorcismi in specie.

Quid ergo sentiendum de remedio pontificio

[2]) L. 1. § 3. D. de Extraord. cognit. Ubi ita Ulpianus: Non tamen (scilicet medicus est dicendus) si incantavit, si imprecatus est, si. ut vulgari verbo in posterum utar. exorcizavit: non sunt ista medicinae genera; tametsi sint, qui hoc sibi profuisse cum praedicatione adfirment. Addatur Leonis Nov. 65., qua graviter de incantamentis disserit Imperator. De poena vid. Cuiacius Observatt. ed emendd. Lib. XXVII. cap. 17. et Carpzovius Prax. crim. P. I. quaest. 50 et 54. item Iurisp. For. P. IV. const. 2. def. 7.

Kenntniß haben. Nur das wollen wir noch erwäh=
nen, daß der hochberühmte Scaliger die Lehre auf=
gestellt hat: daß alle Thiere durch den Rauch
verjagt würden, der aus der Verbrennung
einiger Thiere desselben Geschlechts hervor=
gebracht werde. Daß man sich zur Vertreibung
der Flöhe nicht Zaubermittel bedienen dürfe, geht ganz
deutlich aus den Bestimmungen des Römischen Rechts
hervor [1]). Ob nun aber zu den erlaubten Amuleten
auch die hinzuzurechnen sind, woburch jene stechenden
Thierchen auf das nachbarliche Grundstück gejagt wer=
den, ist eine Frage, die noch nicht völlig ausgemacht
ist. Wie ich glaube, muß diese Streitfrage nach den
Römischen Gesetzen entschieden werden. Dabei ist
denn nicht außer Acht zu lassen, daß Jeder sich selbst
der Nächste ist und daß es die Schuld des Nachbars
selbst ist, wenn er nicht ähnliche Mittel zur Vertreibung
der Flöhe anwendet.

§ 43.
Ueber das geistliche Mittel der Beschwörung.

Wie steht es nun um das geistliche Mittel der

---

[3]) L. 24. § ult. et L. 26. D. de Damn. inf. L. 21. D.
de Aqu. pluv.

[1]) Ulpian sagt: Jedoch gehört das nicht zur Heil=
mittellehre, wenn er (der Arzt nämlich) Zauberformeln
gebraucht, wenn er Anwünschungen macht, wenn er,
um mich fernerhin des gewöhnlichen Ausdrucks zu be=
dienen, Geister beschwört; wenn gleich Etliche markt=
schreierisch versichern, daß ihnen dies geholfen habe.

exorcismi, per quod fugantur pulices; quale tradit
CHASSANAEUS [1]) hac formula: Adiuro vos mures, limaces, vermes, pulices, et omnia
animalia immunda, alimenta hominum
dissipantia et corrodentia, hoc in terri-
torio (scilicet Aeduensi in Gallia) et paro-
chianatu exsistentia, ut a dicto territo-
rio et parochia discedatis, et ad loca
accedatis, in quibus nulli nocere possi-
tis, in nomine Patris, Filii et Spiritus
Sancti. Amen. Simile excommunicationis re-
medium idem Iurisconsultus loco laudato contra
passeres, templum foedantes et divinum officium
impedientes, tradit. Nos talia media fugandi non
adprobamus. Quamvis enim prima ecclesia do-
num miraculorum habuerit, uti ex Sacra Scriptura
patet [2]), id tamen hodie desiit. Recte AUGUSTI-
NUS ait: quisquis hodie adhuc quaerit
miraculum, quaerit prodigium [3]).

---

[1]) Chassanaeus Consill. I. num. 124.
[2]) Marcus XVI. 20.
[3]) Cf. Wendelius Theolog. Lib. I. cap. 24. thes. 4. § 2.

Beschwörung, wodurch man die Flöhe vertreiben kann? Chassanäus theilt uns davon folgende Formel mit: Ihr Mäuse, Schnecken, Würmer, Flöhe, und all' ihr unsaubern Thiere, die ihr der Menschen Nahrungsmittel verschleppt und zernagt, und euch in diesem Gebiete (in dem von Autun) und dessen Parochien aufhaltet: ich beschwöre euch, weichet von diesem Gebiete und der Parochie und suchet euch Oerter, wo ihr Niemandem mehr schaden könnet, im Namen des Vaters, des Sohnes und des heiligen Geistes. Amen. Ein ähnliches Verbannungsmittel theilt derselbe Rechtsgelehrte vm genannten Orte gegen die Sperlinge, wenn sie die Kirche verunreinigen und den Gottesdienst stören, mit. Wir können uns indeß mit solchen Austreibungsmitteln nicht einverstanden erklären. Denn obgleich die erste Kirche, wie aus der heiligen Schrift bekannt ist, wunderthätige Kraft besaß, so ist dieß doch heut zu Tage nicht mehr der Fall. Ganz richtig bemerkt daher Augustinus: wer heutiges Tages noch nach Wundern forscht, der sucht ein Ungeheuer.